Rebecca Perkins

Das Mädchen-Internat

Erotische Geschichten

Blue Panther Books

blue panther books Taschenbuch
Band 2716
1. Auflage: Mai 2023

Vollständige Taschenbuchausgabe
Originalausgabe

Lektorat: Marie Gerlich

Cover:
© nickvango @ 123RF.com
Umschlaggestaltung: MT Design
Gesetzt in der Trajan Pro und Adobe Garamond Pro

Printed in Poland
ISBN 978-3-7507-3832-4
www.blue-panther-books.de

INHALT

Das MädchenInternat

Scharfe Strafzeremonie

Die helle Glocke erklang aus dem Esszimmer. Wie Kiara dieses Geräusch hasste. Es waren die schlimmsten Minuten des Tages. Noch einmal stellte sie sich vor den Spiegel. Boah, die Sachen sahen einfach nur scheiße aus. Ein mindestens zwei Nummern zu großer Pullover und dazu eine Hose, die mehr einer Schutzhülle glich. Viel zu weit und aus mindestens zwei Lagen Stoff bestand das »Etwas«, das sie an ihren Beinen trug.

Die Glocke ertönte ein zweites Mal. Jetzt musste sie sich aber sputen. Auf einen weiteren Vortrag über die Pünktlichkeit als Türöffner in der Gesellschaft hatte sie überhaupt keinen Bock.

Lustlos betrat sie das Esszimmer. »Guten Abend, Herr Vater. Guten Abend, Frau Mutter.«

»Ah, da bist du ja. Lass dich anschauen«, antwortete ihre Mutter.

Constanze de Buhr war eine groß gewachsene brünette Frau, die unglaublich viel Wert auf Etikette legte. Sorgfältig musterte sie ihre Tochter, die innerlich mit den Augen rollte. Lange würde sie dieses Spiel nicht mehr ertragen.

»Du darfst dich setzen.«

Kiara machte einen leichten Knicks und setzte sich dann an ihren Platz. Das Trio saß an einem unglaublich langen Tisch – schwarz wie alles in ihrem Bunker, wie sie das große alte Gebäude nannte, in dem sie mit ihren Eltern seit ihrer Geburt lebte. Das Haus war gigantisch und verfügte über mehr als fünfzehn Zimmer. Leider hatte es seit Jahren keine Modernisierung erfahren, obwohl Geld genug da war. Ihr Vater Ferdinand de Buhr hatte von seinem Vater die größte Privatbank des Landes geerbt. Auch er hatte ein gutes Gespür für Geschäfte und so wuchs die Bank weiter und weiter. Doch Kiara hatte nichts davon. Ihre Eltern waren geradezu Etikettefetischisten. Alles, aber auch wirklich alles war vorbestimmt oder folgte der Tradition. So war es auch mit dieser idiotischen Glocke, mit der das Essen eingeläutet wurde. Sie konnte schon gar nicht mehr zählen, wie oft sie darum gebeten hatte, sie einfach zu rufen oder eine feste Essenszeit auszumachen – jedes Mal wurde sie mit derselben Begründung abgewiesen: Die Glocke läutete das Essen seit dem siebzehnten Jahrhundert ein. *Wir sind eine Familie mit Tradition.* Es gab sogar ein richtiges Ahnenzimmer in ihrem Haus. Über siebenhundert Jahre gab es die Familie schon. Und trotz der finanziellen Sicherheit war ihr Leben doch ziemlich einfach. Auch jetzt, drei Monate nach ihrem achtzehnten Geburtstag, hatten ihre Eltern immer noch die totale Kontrolle über sie. Es war zum Kotzen.

»Kiara, es wird Zeit, dass wir dich in die Gesellschaft einführen.«

»Ja, wie schön!« Sie jubelte innerlich. Endlich kam Bewegung in ihr Leben. Lange Ballnächte in sündig kurzen Kleidern und dann geiler heißer Sex. Schwänze – sie liebte harte, dicke Riemen.

Ein missbilligender Blick ihres Vaters holte sie wieder in die Realität zurück. Nicht mal Emotionen gönnte man ihr. »Entschuldigung«, flüsterte sie.

»Was deine Mutter sagen wollte, war etwas anderes. Wir haben dir zwar viel beigebracht, aber es macht sich im Lebenslauf einer jungen Frau immer gut, wenn sie ein Internat besucht. Gerade in unserer gesellschaftlichen Situation müssen wir auf die Etikette achten.«

Das war ihr Vater, wie er lebte. Alles war auf den Bedarf der Gesellschaft ausgelegt. Gerade wollte sie sich wieder darüber aufregen, da begriff sie, was ihr Vater gesagt hatte. »Internat, Herr Vater?«

»Ja, wir haben für Sonntag einen Termin im Blackmoor-Mädcheninternat gemacht. Wenn du auf das Internat wechselst, dann zeitnah. Wir müssen uns nicht an die Vorschriften der Schulbehörde halten – ein weiterer Verdienst des Privatunterrichts, den du genießt.«

Da sprach er das nächste bedauernswerte Thema an. Nie hatte sie eine öffentliche Schule besucht, wurde nur von Privatlehren, die ihre Eltern auswählten, unterrichtet. Von dem Internat hatte sie schon gehört, es war ein reines Mädcheninternat. Innerlich freute sie sich sehr auf die Abwechslung. Endlich mal neue Leute kennenlernen.

***

Nach dem Essen verabschiedete sie sich von ihren Eltern und ging schnell in ihr Zimmer. Nachdem sie die Tür hinter sich geschlossen hatte, griff sie unter ihr Kopfkissen und holte ein Tablet hervor. Ihr Musiklehrer hatte ihr das Teil ins Haus geschmuggelt. Natürlich gab es kein WLAN, warum auch? Sie war ja nur achtzehn Jahre alt und wollte die Welt erkunden. Doch das Gerät verfügte über eine Endlosflatrate und so surfte sie so manche Nacht im Netz. Die Rechnung lief über ihren Lehrer.

Für seine Gefälligkeit hatte sie sich sehr großzügig gezeigt. Jetzt noch schmeckte sie seinen Samen. Wie er gegrunzt hatte, als er kam, war ultrageil. Kiara war Gast auf diversen Sexseiten und hatte sich das Blasen selbst aus dem Netz beigebracht.

Ihr Lehrer war der erste Kerl in ihrem Leben, der in den Genuss ihrer Lippen kam. Sie war begeistert, wenn sie seine stramme Latte sah und wie er erst schmeckte – einfach lecker. Wenn ihre Eltern das gewusst hätten, wären die durchgedreht. *Kind, wie kannst du nur? Warum hast du das gemacht? Weil es geil ist*, wäre ihre kurze und knappe Antwort gewesen. Sie liebte den Unterricht, den sie nur Pimperstunde nannte.

Doch an diesem Abend surfte sie auf der Seite des Internats. Was für eine Überraschung. Die Internetseite strotzte nur so vor Etikette. Das Internat war in einem alten Schloss untergebracht, große Mauern umgaben das Gebäude. Es war von Tradition und einer äußerst konservativen Wertevermittlung die Rede, von einem strengen Alltag mit klaren Regeln. Das konnte ja was werden …

***

Bald kam der Sonntag und die Familie machte sich auf den Weg zum Internat.

»Kiara?«

»Ja, Frau Mutter?«

»Du wirst dich vielleicht gleich wundern, aber die Mädchenkleidung ist sehr offenherzig. Ich habe mich schon beschwert, aber alle Mädchen tragen eine Schuluniform und dazu gehört leider auch ein kurzer Faltenrock.«

Kiara jubelte innerlich. Ja, sich geil anziehen! Sofort wurde sie leicht nervös.

Etwa zwanzig Minuten später standen sie vor einer großen Holztür, die mehr einem Tor glich.

Ein kleiner untersetzter Mann öffnete. »Ah, die Familie de Buhr. Herzlich willkommen. Kommen Sie doch bitte rein. Mein Name ist Henrik von Bals. Ich bin hier der Direktor.«

»Ja, wir freuen uns, hier sein zu dürfen«, reagierte ihre Mutter freudestrahlend.

Kiara rollte mit den Augen. War ja so klar, dass ihre Mutter auf die Etikette abfuhr. Schon bald sah sie die ersten Schülerinnen des Internats. Ihre Mutter hatte ja so was von recht. Alle Mädchen trugen die gleiche Kleidung: Schwarze Schuhe, hohe weiße Kniestrümpfe, ein wirklich kurzer schwarzer Rock und ein grüner Pullover waren wohl vorgegeben. Einige Schülerinnen trugen obenrum ein grünes Shirt. Auch dieses Kleidungsstück gehörte wohl zur Schulkleidung.

Die heißen Schenkel der geilen Schlampen erregten Kiara sehr. Puh, sie hatte wohl doch den einen oder anderen schmutzigen Porno zu viel geschaut. Viel mehr war sie meist aber von den Kommentaren unter den Pornos im Netz begeistert. Sie stellte sich immer vor, wie ein junger heißer Typ vor dem Bildschirm saß und seinen Kolben wichste. Mit seinen vom Samen nassen

Fingern tippte er dann einen schmutzigen Kommentar, der die Frau im Video noch weiter demütigte. Ihre Spalte kochte vor Lust.

Einer der Lehrer, die sie trafen, fiel ihr sofort auf. Er war schlank, groß gewachsen und schaute sie so was von gierig an, dass sie noch geiler wurde. Verstecken musste sie sich mit ihrem Körper nicht. Sie hatte langes gewelltes dunkelblondes Haar, dazu volle Lippen und tolle Brüste. Ihre Nase war zu groß und ihre Augen zu schmal, aber so war es nun mal.

***

Eine Stunde wurden sie durch die vielen Räume und Hallen geführt. Für Kiara war die Entscheidung schon lange gefallen. Sie wollte und suchte die Abwechslung.

Zum Schluss gab es ein Gespräch mit dem Direktor. Sein Büro war groß. Ein riesiges Fenster gab den Blick auf den Campus frei. »Nun, wie hat Ihnen der kleine Rundgang gefallen?«

»Sehr gut. Wir haben aber doch einige Bedenken«, antwortete ihre Mutter.

»Ja, welche sind das?«, fragte der Direktor.

»Nun ja. Unsere Tochter ist, was körperliche Zuneigung angeht, noch sehr unerfahren. Wir wollen das auch so belassen. Um in die obere Gesellschaftsschicht eingeführt zu werden, ist es von Vorteil, wenn eine junge Frau noch unbedarft ist.«

»Meinst du Sex?«, schoss es aus Kiara heraus.

»Ich muss mich doch sehr wundern. Über dein unmögliches Verhalten reden wir noch.«

»Aber bitte, wir wollen doch keinen Streit. Unser Internat wird von einer Sicherheitsfirma bewacht, auch sind unsere Lehrkräfte intensiv ausgebildet und achten auf ein frauenfreundliches Klima. Ihrer Tochter wird es hier an nichts fehlen.« Bei seinen letzten Worten schaute er Kira so merkwürdig an. Sah sie ein leichtes Zwinkern in seinen Augen oder war nur der Wunsch Vater der

Beobachtung? »Auch legen wir Wert darauf, dass unsere Mädchen das richtige Augenmaß behalten, und das gilt für alle ihre Belange. Erlauben Sie mir, dass ich eine Schülerin dazuhole, die Ihrer Tochter eines der Zimmer zeigt, in denen die Mädchen wohnen?«

»Sehr gern. Siehst du, Kiara? Es ist schön hier.«

Einen Augenblick später kam ein junges Mädchen mit zwei schwarzen langen Zöpfen herein. »Hallo, ich bin Laura. Darf ich mich vorstellen?«

Ihre Eltern waren begeistert von Laura. »Kira geht natürlich gern mit.«

Die Mädchen verließen das Büro und gingen einen langen Flur entlang.

»Und, wie ist es hier? Kann man Spaß haben?«, fragte Kiara aufgeregt.

»Ja, kann man, aber du wirst hier wenig Spaß haben, wenn du so drauf bist wie deine Eltern.« Laura lief immer einen Schritt voraus, ließ Kiara fast stehen. Was hatte das Mädchen gegen sie?

Eine halbe Stunde lang zeigte sie ihr alles. Kiara spürte die zurückhaltende Haltung ihrer Begleiterin. Gern hätte sie es geklärt, aber sie kannte Laura kaum und warum sollte sie jetzt ein Fass aufmachen?

Bald standen sie wieder vor dem Büro des Direktors.

»Wenn du Spaß suchst, dann schau dir unser Leben an«, flüsterte Laura, bevor sie die Tür zum Büro des Direktors öffnete.

»Da seid ihr ja wieder. Na, Kiara, wie hat es dir gefallen?«, fragte der Direktor.

»Es ist schön hier. Gern würde ich ein halbes Schuljahr hierbleiben.«

»Das können wir gern so machen. Es muss dir ja auch schwerfallen, deine gewohnte Umgebung zu verlassen. Doch hier bist du sicher, kein Mann wird dir zu nahe treten«, meinte ihre Mutter strahlend.

Ihre Eltern schauten sich an und dann den Direktor, der wiederum Kiara anschaute. Sein Lächeln war merkwürdig und doch spürte sie in diesem Augenblick ein leichtes Ziehen zwischen ihren Beinen. Henrik von Bals hatte etwas an sich, das sie noch nicht deuten konnte. War es seine autoritäre Art oder einfach sein Blick, der sie beschäftigte? Irgendetwas verbarg er.

Doch das war jetzt erst einmal egal. Kiara freute sich auf die neue Herausforderung. Auf der Rückfahrt philosophierten ihre Eltern darüber, wie gut sich das Internat im Lebenslauf ihrer Tochter machen würde und wie schön es war, dass ihre Tochter vor männlicher Zuneigung geschützt war. Kiara hatte schon lang aufgegeben, sich aufzuregen. In ihrem Kopf spukten eher Lauras Worte herum. Was hatte sie gemeint und was verstand sie unter Spaß? Auch war sie auf ihren neuen Direktor gespannt. Er war sicher nicht so, wie er sich gab. Sofort hatte sie wieder schmutzige Gedanken im Kopf. Langsam musste sie mal einen Gang zurückschalten. Die geilen Pornos veränderten ihre Sichtweise mehr, als sie es wollte.

***

Eine Woche später war es so weit. Kiara hatte sich über ihren Lehrer etwas Geld besorgt oder besser gesagt erblasen. Sie grinste breit, als sie an seinen harten Rüssel dachte. Er war ihr erster Mann gewesen. Ja, sie war keine Jungfrau mehr. Einhundert Euro hatte sie verlangt. Bekommen hatte sie zweihundert Euro, aber nur, weil er zwei Mal in ihr spritzen durfte.

Drei Mal kontrollierte ihre Mutter Kiaras Koffer. Alles, was auch nur im Ansatz zu viel Haut zeigte, wurde aussortiert. Aus ihrer Sicht hatte sie nur Kartoffelsäcke im Gepäck.

Ihre Eltern verabschiedeten sie mit ihrer anerzogenen Zurückhaltung. Doch Kiara kümmerte es nicht. Endlich ging es los!

Sobald der Chauffeur den Wagen außer Sichtweise der Villa ihrer Eltern gelenkt hatte, riss sie sich die Bluse vom Körper.

»Endlich«, jubelte sie. Voller Freude zeigte sie ihren weißen BH. Das war das einzige Kleidungsstück, bei dem ihre Mutter ihr nicht reinredete. »James, haben Sie alles bekommen?«, fragte sie.

»Natürlich. Im Geheimfach unter dem Kofferraum befindet sich Ihr echter Koffer. Ich habe alles besorgt.«

»Sie sind ein Schatz und nun fahren sie schneller. Ich will meinen Spaß haben.«

Die schwere Limousine, mit der sie unterwegs waren, machte einen Satz. Bei ihrem Vater musste James immer genau fünfzig in der Ortschaft fahren, außerorts maximal achtzig. Wenn er mit Kiara unterwegs war, dann konnte er den Luxuswagen mit über zweihundert PS ausfahren.

Mit quietschenden Reifen hielt der Wagen kurze Zeit später vor dem Internat. Henrik von Bals stand bereits vor der großen Empfangshalle und wartete auf seine neue Schülerin. Sie hatte sich im Wagen umgezogen. Eine sexy weiße Jeans, ein blaues Top mit Spaghettiträgern und ein weißer Blazer symbolisierten Kiaras neuen Lebensabschnitt.

Als sie ausstieg, verschluckte sich Henrik von Bals. Sofort sah sie seine Lust und es gefiel ihr. »Guten Tag, Kiara. Ich sehe schon, du hast ganz spezielle Erwartungen.«

»Kann man so sagen. Jetzt mal raus mit der Sprache, was wird hier gespielt?«, fragte sie mit einem strahlenden Lächeln.

»Ich weiß nicht, was du meinst. Laura und du, ihr werdet euch ein Zimmer teilen. Deine Internatskleidung bekommst du beim Zeugwart. Das Büro von Herrn Huber befindet sich kurz vor dem Speisesaal. Dort bekommst du deine Kleidung. Hier ist dein Zimmerschlüssel. Ihr zwei teilt euch das Zimmer neunundsechzig.«

»Das ist ja eine tolle Nummer. Bestimmt kann man mit ihr in speziellen Konstellationen viel Spaß haben.«

Henrik von Bals grinste sie an und schon schloss sich die Tür hinter ihr.

Kiara machte sich auf den Weg zum Zeugwart. Eine komische Berufsbezeichnung, aber so war es nun mal.

Einige Minuten später klopfte sie höflich an seiner Bürotür.

»Ja, komm rein.« Die Stimme war kräftig und dominant.

Gespannt öffnete sie die Tür aus Holz. Ein Mann mit Glatze und leichtem Bauchansatz saß hinter einem Schreibtisch und schaute sie an. »Ah, die de Buhr. Los, zieh dich aus.« Seine Stimme ließ keinen Spielraum für Fragen. Zaghaft begann sie, sich auszuziehen.

»Titten schätze ich auf achtzig C und untenrum etwa einhundert«, schätze er, als sie nur noch in Unterwäsche vor ihm stand.

»Siebenundneunzig«, protestierte sie laut. In ihrem Bauch flatterten unendlich viele Schmetterlinge. Sie war erregt. Seine Grobheit stachelte ihre Lust an.

Er stand auf und schmiss ihr einige Sachen vor die Füße. Es war die Internatskleidung. »Hier, du reiche Göre.«

Noch nie war sie so angesprochen worden. Sie wurde untenrum leicht feucht. Neugierig schaute sie die Sachen an. »Boah, was sind das denn für Höschen? Die sind ja riesig, gibt es noch was anderes als Zelte?«

Er grinste sie an. »Die Lehrerinnen kontrollieren immer am Freitag die Höschen, also sechs Tage Zeit, an denen man was anderes untenrum anziehen kann. Ich habe hier noch schöne dünne und hoch ausgeschnittene Teile, aber die gibt es nicht umsonst.«

Was er wollte, war klar. Seine Augen zogen sie schon aus. Sie fühlte sich wie in einem Porno. Lasziv strich sie sich über ihren schlanken Bauch, streichelte sich. »Ich weiß nicht, ob ich Lust habe.«

Seine Augen fielen ihm fast aus dem Gesicht.

»Was muss ich denn tun?«, fragte sie und begann, auf einem ihrer Finger zu kauen.

Er ging zur Tür und hängte ein Schild hin, anschließend schloss er von innen ab. Schon öffnete er die Hose und zeigte ihr seinen Rüssel. »Mach es mir mit der Hand und küss mich, du reiche Göre.«

Sie kochte vor Lust. Das hier war viel geiler als in den Pornos. Beherzt griff sie zu und legte ihre Finger um seinen harten Stamm.

»Wichs ihn endlich.«

Langsam bewegte sie ihren Arm.

Er schnaufte lustvoll. »Ah, ist das gut.«

Sie wichste ihn gleichmäßig und schon bald lief sein Saft über ihre Hände. Er zog sie an sich und drückte ihr seine Lippen auf den Mund. Mit der Zunge drang er in ihren Mund ein. Er war so dominant, dass es zwischen ihren Beinen brannte. Zu gern hätte sie seinen Riemen in sich gespürt, aber für den ersten Tag war ein Handjob schon ziemlich gut. Immer härter umschloss sie seinen Muskel und wichste ihn weiter.

Er begann zu zittern. »Schön fest.«

Sie übte mehr Druck auf ihn aus.

»Du bist so geil wie die anderen geilen Mäuse. Und jetzt mach es mir hart.«

Auch das konnte sie. Die Kraft, die sie spürte, erregte sie immer mehr. Sein Atem in ihrem Nacken war Musik in ihren Ohren. Nun legte sie los und machte es ihm immer schneller.

»Jaaa!«

Eine harte Fontäne Saft knallte gegen seinen Schreibtisch. Der nächste Schwall traf den Boden. So viel Schleim war noch nie über ihre Hand gelaufen.

»Das hast du gut gemacht. Wenn du noch was brauchst, kannst du jederzeit vorbeikommen.«

Ihren ersten Freund hatte sie schon mal gefunden. Mit ihren Sachen ging sie auf ihr Zimmer.

Laura lag halb nackt auf ihrem Bett. »Da kommt ja meine neue Zimmernachbarin.«

Achtlos warf Kiara die Sachen auf ihr Bett.

»Das würde ich nicht tun«, war Lauras knappe Antwort.

Aus dem Bad kam eine reife Lady, die Kiara auf Ende dreißig schätzte. »Hier werden keine Sachen durch die Gegend geworfen. Heute Abend meldest du dich bei mir.«

»Wer sind Sie überhaupt?«, fragte Kiara.

»Miss Smith. Merle Smith. Ich bin deine neue Klassenlehrerin.« Bei den Worten streichelte sie Laura zärtlich über den Arsch. »Bis dann, Liebes. Es war geil.«

Einen Augenblick später waren die zwei Schülerinnen allein.

»Was war das denn gerade?«, fragte Kiara neugierig.

»Das, meine Liebe, ist der Spaß, den du hier haben kannst. Das war Frau Smith. Sie hat hier das Sagen. Wenn du dich mit ihr gut verstehst, dann hast du hier eine ganze Menge Spaß. Ich mache mir das Leben einfach und gehe manchmal mit ihr ins Bett. Sie ist bi und wenn sie Bock drauf hat, dann mache ich die Beine breit. Alle neuen Schülerinnen werden ihr vorgeführt.«

»Erzähl mir mehr.«

»Gut, dann setz dich. Hier ist Sex die harte Währung. Ist ja klar, die Kerle sind geil und die Frauen spitz. Fast alles lässt sich mit Sex organisieren. Hast du dir schon die dünnen Höschen geholt?«

»Klar, ich habe dem Huber schon die Stange gewichst.«

Laura lachte dreckig: »Ja, so ist er.«

»War schon geil.«

Kiara war angekommen. Genauso frivol hatte sie sich das Internat vorgestellt.

»Auch der Direktor ist geil. Einmal im Monat findet eine geile Party statt, bei der ich auch noch nie gewesen bin. Dort soll es besonders frivol zur Sache gehen. Wenn du viel erleben willst, dann halte dich an mich. Ich bin ziemlich geil … Und jetzt ziehst du dich aus. Ich will dich sehen. Die Smith liebt es, bedient zu werden, gibt es aber nur selten zurück.«

Kiara zog sich aus. Laura schaute sie geil an. Ihre Zimmernachbarin war ziemlich heiß. Ihre langen dunklen Haare waren zu einem Zopf gebunden, dazu kamen wirklich große Titten, ein breites Becken und ein unverschämt verruchter Blick.

Bald trug Kiara nur noch ein Höschen und ihren BH.

Laura stand auf und streichelte Kiara über die Wange. »Hast du es schon mal mit einer Frau gemacht?«

»Nein, ich habe noch nicht so die Erfahrung. Meine Eltern sind sehr konservativ.«

»Alles gut, mein Schatz. Schon als ich dich das erste Mal gesehen habe, fand ich dich geil. Ich lass dich jetzt allein und rede mit der Smith. Heute Abend will ich dich nicht alleinlassen.«

Weiche Frauenlippen berührten Kiaras Mund. Sie explodierte förmlich. Zwar hatte sie im Netz schon davon gelesen, dass die Lippen von Frauen besonders weich waren, aber so weich ... Es war einfach nur schön. Sie bekam jetzt schon nicht genug von Laura.

»Ich bin bald zurück.«

Nun war Kiara allein und schaute sich in ihrem neuen Zimmer um. Noch immer konnte sie nicht glauben, in was für einen Sündenpfuhl sie geraten war. Es schien, als wäre das ganze Internat nur auf Sex aufgebaut. Auch wenn sie es anders erwartet hatte und sich das Gesicht ihrer Eltern vorstellte, wenn sie von ihrem geilen Handjob erzählte, so fühlte sie sich im Internat nicht unwohl. Was wohl am Abend passieren würde? Sie war aufgeregt und gespannt.

***

Etwa eine Stunde später kam ihre Zimmernachbarin zurück. »Keine Ahnung, was du gemacht hast, aber das halbe Internat ist total verrückt nach dir. Du darfst am Abend an einer Strafzeremonie teilnehmen.«

»Was ist das?«, fragte Kiara.

»Keine Ahnung. Ich habe davon bisher auch nur gehört, aber der Direktor ist dabei und einige Lehrer. Wir dürfen nur in Unterwäsche kommen.«

Kiara bekam große Augen. Nur in Unterwäsche? Was hatte das zu bedeuten? Sie legte sich aufs Bett und dachte nach. Doch in ihrem Körper brannte die Lust nach Sex. Sie vermisste den Matratzensport, den sie mit ihrem Lehrer entdeckt hatte. Zu Hause war es aber anders, es war ein geschützter Raum.

Die Zeit verging und das Abendessen wurde im Speisesaal eingenommen. Kiara füllte ihren Teller und setzte sich zu Laura. Die beiden Mädchen sprachen kaum miteinander, die Spannung war deutlich spürbar.

Nach dem Abendessen zogen sich die Mädchen aus. Als sie Laura nun wieder halb nackt sah, war Kiara begeistert. Ihre weiche Haut, der schlanke Körper und erst recht ihre eigene Lust nagten an ihr.

Gegen acht Uhr klopfte es. Die beiden Mädchen schauten sich an. Laura öffnete die Tür.

Merle Smith stand in einem Umhang vor ihrer Tür. »Kommt ihr?«

Wieder schauten sich die Mädchen an. Kiara war noch nie so aufgeregt und angespannt gewesen wie in diesem Augenblick. Was würde wohl passieren? Könnte sie ihre Lust endlich befriedigen? Kiara entdeckte, dass Frau Smith schwarze Lederschuhe trug – oder waren es Stiefel? Der Umhang ging ihr bis zu den Knöcheln und verhüllte ihren Körper.

Die Mädchen wurden in den Keller geführt. Die Türen zum Kellergewölbe waren mit Vorhängen abgehängt. Man konnte nicht hineinsehen. Fackeln erhellten einen kleinen Gang. Es war wie in einem Porno, den sie gesehen hatte. Was dann passierte, war Sünde pur gewesen, zumindest in dem Video.

Eine weitere schwere Holztür wurde geöffnet. Kiara staunte. In dem Raum befanden sich der Direktor, Herr Huber und der unbekannte Lehrer, der sie geil angesehen hatte, als Laura ihr das Internat gezeigt hatte. Sie saßen an einem großen rechteckigen Tisch und waren komplett nackt. Fünf Mädchen standen alle splitterfasernackt mit hinter dem Kopf verschränkten Händen in einer Reihe auf der einen Seite des Gewölbes. Sie waren alle wunderschön. Die Männer waren durchgehend erregt. Ihre Schwänze standen bis zum Bersten.

Der Direktor wandte sich an die Eintretenden. »Herzlich willkommen, Kiara. Laura, auch schön, dich zu sehen. Ihr werdet Zeuge einer intensiven Bestrafungsrunde. Die Mädchen haben sich nicht benommen. Luisa wollte nicht die Beine breitmachen. Mareile wollte nicht schlucken. Svenja hat einen Dildo benutzt, Tina ist einfach nur geil und Anabell eine heiße Stute.«

Kiara traute ihren Ohren nicht. Wie redete der Direktor über seine Schülerinnen? Nun zog Merle Smith ihren Umhang aus. Laura und Kiara stockte der Atem. Die reife Lady trug ein schwarzes Korsett, das ihre Titten förmlich nach oben drückte. Zwischen ihren Beinen war ein Strap-On befestigt. Kiara war begeistert. Schon einige Male hatte sie von heißem Lesbensex geträumt. Besonders der mit einer reifen Milf, wie Merle Smith es war, erregte ihre Lust. So etwas Heißes hatte sie noch nie gesehen. Vor Merles Schoß baumelte der harte schwarze Schwanz aus Kunststoff, ihr Arsch war nur von einem String bedeckt.

»Für euch haben wir Ehrenplätze bereitgestellt«, erklärte Henrik von Bals.

An der anderen Seite des Gewölbes standen zwei Stühle. Allerdings waren es keine gewöhnlichen Stühle: Die Sitzflächen waren mit feinen spitzen Nadeln verziert.

Die Mädchen schauten sich an.

»Tja, Laura. Du hast in der letzten Zeit sehr nachgelassen. Kiara? Du sollst gleich sehen, nach welchen Regeln wir hier leben. Deine

Eltern haben angedeutet, dass du auf Sex stehst, was sie nicht gut finden. Mal sehen, wie es dir gefällt. Jetzt setzt euch hin.«

Kiara war so geil wie noch nie. Es war so aufregend. Vorsichtig setzte sie sich. Die feinen Nadeln piksten ihren Arsch. Doch der süße Schmerz war geil. Auch Laura tat, was man von ihr verlangte.

Merle Smith schwang eine Peitsche. Der Knall erfüllte den Raum. »Jetzt spreizt schön die Beine, ihr ungezogenen Gören«, brüllte Merle laut.

Die fünf Mädchen taten es. Man sah die Furcht in ihren Augen, aber offenbar waren sie auch von Lust erfüllt. Eines der Mädchen tropfte bereits.

Die Männer saßen auf ihren Stühlen und lächelten lustvoll. Wieder schwang die reife Lady die Peitsche und schlug dem ersten Mädchen direkt zwischen die Beine, was dieses leise aufstöhnen ließ. Bereits nach diesem ersten Schlag war die blonde Schönheit untenrum geschwollen. Ein zweiter Schlag folgte. Es war ein derbes, aber auch lustvolles Spiel. Nun ging Merle auf das Mädchen zu und strich ihr über die prallen Brüste. Erst jetzt fiel Kiara auf, dass alle Mädchen große Brüste hatten.

»Das ist Fake. Die Mädchen haben nichts Verbotenes getan, es ist aber irgendwie geil«, flüsterte Laura ihr zu.

Kiara war kaum noch ansprechbar. Die Mischung aus Qual und Lust war einfach faszinierend.

Lustvoll strich Merle ihrer Schülerin zwischen die Beine. »Ich bin so was von geil«, hauchte Merle und streichelte ihre Schülerin. Diese grinste dankbar. »Willst du meinen Schwanz lutschen?«, fragte Merle.

Die Schülerin nickte und kniete sich dann vor ihre Lehrerin. Das junge Ding hatte Erfahrung und lutschte den Kunstriemen mit Leidenschaft.

Die Lust in Kiara war kaum noch zu ertragen. Wenn sie noch lange zuschaute, würde sie vor Lust explodieren.

»Jetzt fick ich dich in den Arsch«, lachte Merle.

So kam es auch. Das junge Ding drehte sich um, stützte sich mit den Händen an der Wand ab und hielt ihren Arsch hin.

Kiara konnte nicht mehr. Sie stand auf und ging zu ihrem Direktor. »Ich will auch Sex haben. Was muss ich tun?«

Das Trio schaute sich an. Kiara sah an ihren Schwänzen, dass sie mehr als aufgegeilt waren.

»Komm her«, war die Antwort des Direktors.

Jetzt bekam sie endlich, was sie wollte. Langsam kniete sie sich hin und berührte seinen harten Schwanz. Dick und lang war sein Rohr, seine Eichel voller Saft. Nun zog sie seine Vorhaut zurück und legte die harte Eichel frei. Boah, was war das geil. Mit ihrer Zungenspitze strich sie über seine glänzende Spitze. Er stöhnte wie ein Schwein. Langsam stülpte sie ihre Lippen über sein Rohr. Er schmeckte salzig, was ihr gefiel. Langsam und behutsam nahm sie ihn tief in den Mund. Es war das dritte Mal in ihrem Leben, dass sie einen Schwanz mit dem Mund verwöhnte. Das Herz schlug ihr bis zum Hals und ihr Puls raste. Doch die Aufregung war unbegründet. So wie er abging, hatte sie es drauf und machte einen guten Blowjob.

Gierige Finger machten sich an ihre Titten heran. Das war nicht der Direktor. Als sie nach links schaute, sah sie, dass Herr Huber an ihren jungen knackigen Möpsen spielte.

»Ich steh auf geile Euter. Schaut euch mal die Dinger an«, stöhnte er.

»Die geile Sau nehmen wir uns zu dritt vor«, war der schmutzige Kommentar von Henrik von Bals.

Der Direktor legte sich mit dem Rücken auf den Tisch, seine Kerze stand steil nach oben. Kiara kniete sich doggy über den reifen Mann. Sein nasser Stab rieb an den Innenseiten ihrer Schenkel. Sie führte ihn an ihren Eingang und ließ sich auf ihm nieder.

»Bin ich brav? Mache ich es dir gut?«

Er reagierte nicht mit Worten, sondern begann direkt, an ihren Nippeln zu spielen. Hart rieb er ihre Zitzen zwischen seinen Fingern.

Kiara ging total ab. Die Lust ließ sie verbrennen. Warme Hände streichelten ihren Arsch. Ja, das war gut. Lustvolle Finger verwöhnten ihren Hintern. Sie ritt den Direktor immer wilder, wurde immer geiler. Ein zweiter Riemen stieß gegen ihre Rosette.

»Steck ihn mir auch unten rein«, hauchte sie vor Lust.

Die zwei harten Schwänze berührten sich an ihrem nassen Eingang. Der Höhepunkt, den sie erlebte, war ein Traum. Als würden Fliehkräfte sie in der Achterbahn in den Sitz drücken, erfasste sie ein unglaublicher Orgasmus. Mit geschlossenen Augen erlebte sie diesen Augenblick, der sich für immer in ihre Gedanken einbrannte. Langsam wurde ihr der zweite Riemen reingedrückt. Es war Wahnsinn. Ein Riemen füllte sie schon aus, aber der zweite Stab war einfach die Sahne auf der Torte. Ihre Fotze wurde so was von gedehnt, dass sie sofort wieder geil wurde. Vier gierige Hände streichelten ihren Körper. Jeder Millimeter ihres jungen elastischen Körpers wurde erkundet, gestreichelt und vermessen. Jetzt wurde ihr auch klar, an welcher Körperstelle sie besonders empfindlich war. Es waren ihre Brüste. Feuer der Lust brannten besonders in ihren Nippeln. Es war geil, von zwei unterschiedlichen Männerhänden berührt zu werden.

Doch noch war ihr bisher größtes sexuelles Abenteuer nicht vorbei. Der dritte Lehrer stellte sich auf den Tisch und hielt ihr seinen Speer vor die Nase. Als würde sie von einem Baum eine Kirsche mit den Zähnen abknabbern, nahm sie den dritten Rüssel in den Mund. Jetzt steckten drei Schwänze in ihr. Dieses Mal schmeckte der Saft etwas süßer, was ihr auch sehr gefiel.

»Macht es mir geil. Fickt mich, ihr Hengste!«, brüllte sie in totaler Ekstase.

Es war wirklich kein Traum. Die zwei Kerle, die in ihr steckten, begannen sie zu nehmen. Zum Glück hatten die zwei unterschiedliche Fickgeschwindigkeiten. Es war ein unglaubliches Gefühl, so genommen zu werden. Als würde man ein Schwert beim Schmied mit dem Hammer bearbeiten, wurde sie permanent gestoßen. Immer steckte eine Schwanzspitze bis zum Anschlag in ihrer Spalte. Die permanente Stimulation gab ihr einen so impulsiven Lustkick, dass sie erneut kam. Ihr Körper wurde förmlich in Stücke gerissen. So etwas hatte sie noch nie erlebt. Als würde sie gesprengt, schoss der Orgasmus durch ihren Körper. Es war wunderschön.

Der erste Schwanz kam in ihr und schmierte ihren Honigtopf. Den Strahl, mit dem sie besamt wurde, würde sie nie vergessen. Kiara war nur noch Geilheit. Der zweite Schwanz in ihrer Spalte knallte sie weiter. Das Sperma des ersten Kerls lief über ihre Beine, während der zweite Riemen sie weiter hart fickte. Doch auch ihr Mund wurde weiter gebumst. Erst ein Mal war ein Mann in ihrem Mund gekommen. Der Kerl vor ihr schwitzte wie verrückt. Warmer Schweiß lief über seinen Bauch und erreichte bald ihren Mund. Es war so geil, dass Kiara sich wünschte, ständig gefickt zu werden. Sekunden später kam der zweite Schwanz, der in ihr steckte. Sie hatte davon gelesen, dass es sich geil anfühlte, wenn ein Lover in die Soße des Vorgängers reinstieß, und so war es auch.

Sie schmatzte untenrum wie ein Tier. Das Gefühl, innerhalb von wenigen Augenblicken von einem zweiten Mann geschmiert zu werden, war geil. Der Direktor pumpte ihr noch mehr Sperma unten rein. Inzwischen hatte Kiara mit dem Pinsel in ihrem Mund zu kämpfen. Eine Mischung aus Tropfen der Lust und ihrem Speichel rann über ihr Kinn. Sie war gespannt darauf, wie es sich anfühlen würde, wenn sie schlucken musste.

Die Kerle hatte aber noch nicht genug. Vier Hände spielten an ihrer Spalte, ihrem Arsch und ihren Titten. Schon wieder hatte sich eine Wand aus Lust vor ihr aufgebaut. Der dritte Riemen entleerte sich und eine große Portion Samen wurde ihr in den Rachen gespritzt. Kiara schluckte und schluckte. Es war wunderschön.

Gerade hatte sie alles geschluckt, als aus vier Händen sechs wurden. Eine Wunderkerze wurde in ihr abgebrannt und ließ sie erneut kommen. Das hübsche Mädchen schrie, grunzte, schnaufte und zuckte, als würde sie verglühen. Es wurde dunkel um sie herum.

***

Als sie aufwachte, sah sie in Lauras riesige Augen. Ihre Gesichter trennten nur wenige Millimeter.

»Was ist passiert?«, fragte Kiara.

»Wir hatten einen schönen Abend.«

Ihr Gaumen schmerzte und das nicht vom Essen. Kiara erlebte eine geile Zeit im Mädcheninternat.

Geiler harter schmutziger Sex

Die Tür ging immer noch etwas schwer auf. Warum sollte auch ausgerechnet das funktionieren? Emilie war leicht genervt und zerknirscht. Hier stand sie nun wieder vor der Tür mit der Nummer siebenundneunzig. Der lange Flur war immer noch derselbe und auch die Holzvertäfelung an den Wänden hatte sich nicht verändert. Bestimmt war das Holz schon mehr als zwanzig Jahre alt. Immerhin wäre es damit viel jünger als die ehrwürdigen Mauern des Mädcheninternats »Schloss Eichenstein«, das sich am Arsch der Welt befand, zumindest aus ihrer Sicht. Ein muffiger Geruch empfing sie, als sie die Tür öffnete. Puh, da war aber lange nicht mehr gelüftet worden.

Nachdem sie die Koffer vor ihrem Bett abgestellt hatte, riss sie die Fenster weit auf. Von ihrem Fenster aus hatte man einen herrlichen Blick über die Dächer der Kleinstadt, die sich am

Fuß des Schlosses erstreckte. Die Sonne schien vom wolkenlosen Himmel und erwärmte die Luft. Schmetterlinge labten sich an den letzten Blumen des Sommers. Es war jetzt Mitte August und die Tage wurden bereits wieder spürbar kürzer. Ihr Zimmer hatte eine der schönsten Aussichten, die es im Internat gab, zumal es im vierten Stock lag und somit eine gigantische Fernsicht bot. Da es auch ein Eckzimmer war, hatte man einen hervorragenden Ausblick in zwei Richtungen.

Alles war wunderschön, aber es tröstete sie kaum darüber hinweg, dass die großen Ferien fast zu Ende waren. Die Stille war leicht unheimlich. Sonst war von morgens bis abends eine gewaltige Geräuschkulisse zu vernehmen, sowohl aus dem Haus als auch vom Schulhof und vom Schulgebäude, das unmittelbar an den Ruhebereich angebunden war. Noch waren es einige Tage, bis die Schule wieder losginge, somit war die Stille erklärbar.

Schule, wenn sie dieses Wort schon hörte! Es gab so viel wichtigere Dinge als Schule. Jungs zum Beispiel. Etwas wehmütig dachte sie an ihre zwei Wochen Ferien auf dem italienischen Campingplatz zurück. Die Tage waren heiß gewesen, die Nächte sündig. Es war zwar schwer gewesen, ihre Eltern davon zu überzeugen, dass es auf einem Campingplatz für zehn Euro Standgebühr pro Nacht für eine junge Frau viel aufregender war als in einem Luxushotel in den Schweizer Alpen für eintausendvierhundert Euro pro Nacht, aber sie hatte ihren Willen wie immer durchsetzen können.

Sex war einfach geil. Na ja, sie war ja auch eine Augenweide. Langes gelocktes blondes Haar, süße Sommersprossen, ein süßer Mund und eine tolle Figur waren ihre wichtigsten Argumente, wenn es darum ging, die Jungs wuschig zu machen. Ein wenig verdorben war sie schon, aber mit schnuckeligen neunzehn Jahren durfte man das sein.

Keine Nacht, in der sie es nicht mit einem geilen Männerkörper getrieben hatte. Am nächsten Tag brannten ihre Schenkel meist wie verrückt, was an den akrobatischen Stellungen lag, die sie mit ihren Lovern ausprobiert hatte. Auch ihre süße Höhle war im Dauereinsatz. Sie hatte Urlaub und ihre Spalte Hochbetrieb. Manchmal war das Leben halt ungerecht. Grinsend zog sie sich aus und stellte sich nackt ans Fenster. Die warmen Strahlen der Sonne wärmten ihren Luxuskörper, für den sie viel tat. Maniküre, regelmäßig Sport und gesunde Ernährung gehörten für sie zum Leben dazu.

Sie spreizte leicht die Beine und ließ auch ihrer Muschi etwas Sonne zukommen. Bald war sie unten schön warm und wieder fühlte sie dieses Verlangen nach Sex, das sie von jeher in sich spürte. Manche Frauen waren zum Vögeln geboren und dazu zählte sie auch sich.

Bald roch die Luft in ihrem Zimmer wieder frisch und nach Sommer. Rasch packte sie ihre Sachen aus. Es war nicht viel, vor allem neue Unterwäsche hatte sie mitgebracht. Ihre Eltern hatten genug Geld und sie eine schwarze Kreditkarte ohne Limit und die wollte genutzt werden. Sie betrachtete die sündige Wäsche. Viel Stoff war es nicht, aber war das wichtig? Nö. Mit einem breiten Grinsen hängte sie die Wäsche auf und dachte an die sündigen Nächte in Italien. Morgens hatte sie immer einem kleinen Campingkiosk besucht. Nur mit String und einem knappen Oberteil ging sie einkaufen und flirtete hemmungslos mit dem heißen Typen hinter der Kasse. Am Vormittag lag sie schön eingecremt in der Sonne und ließ sich von alten Typen mit Bierbäuchen anstarren. Und am Abend oder besser gesagt in der Nacht ließ sie sich bumsen. Das Ganze genau vierzehn Tage lang.

Es wurde langsam schwül und sie begann zu schwitzen. Zum Glück verfügte jedes Zimmer über ein eigenes Bad und so sprang sie rasch unter die Dusche. Das kalte Wasser kühlte ihre Lust leicht herunter. Manchmal war ihr ihre eigene Erregung unheimlich. Beim Duschen schaute sie an sich herunter und fand sich einfach nur geil. Ihre Brüste waren klein und fest, ihr Bauch war schön flach, der Arsch einfach nur geil und ihre Schenkel schön straff. Mit der Seife wusch sie ihren tollen Körper und genoss den warmen Schaum auf ihrer Haut.

Mehr als zehn Minuten genoss sie das perlende Nass. Anschließend cremte sie ihre Haut ein und wickelte sich ein Handtuch um die Haare.

Als sie das Badezimmer verließ, wurde die Tür aufgerissen und ihre Mitbewohnerin kam mit einem großen Koffer herein. Magdalena und sie teilten sich seit zwei Jahren das Zimmer. Strahlend blickten sich die jungen Frauen an.

»Emilie, ich habe dich wahnsinnig vermisst.«

Schon spürte sie warme Hände um ihren Hals und harte Knospen an ihrer Brust. Emilie bekam kaum Luft, was auch daran lag, dass ihr weiche Lippen auf den Mund gepresst wurden.

Sie freute sich auch, ihre Zimmerkollegin zu sehen. Magdalena war genau das Gegenteil von Emilie. Kurzes schwarzes Haar, ein ovales Gesicht mit wundervoll exotischen Augen, dicke Hupen und ein süßer Kirscharsch.

»Ich habe dich auch wahnsinnig vermisst«, flüsterte Emilie ihrer Freundin ins Ohr.

Beide Frauen hielten sich mindestens fünf Minuten im Arm, bevor Magdalena von ihrer Freundin abließ. »Du hast nichts an. Sexy.«

Emilie grinste. Ja, ihre Freundin war nie verlegen, wenn es um knallharte Tatsachen ging.

»Boah, das war vielleicht ein Urlaub. Drei Wochen mit meinen Eltern auf den Malediven. Du kannst dir gar nicht vorstellen, was das für eine anstrengende Zeit war. ›Kind, zieh dir bitte mehr an.‹ – ›Der String geht gar nicht.‹ – ›Du läufst rum wie eine Professionelle‹ – und dann lässt sich meine treu sorgende Mutter von zwei schwarzen Hengsten ficken. Wirklich toll. Ganz großes Kino.«

Emilie wusste, dass Magdalena unter der schwierigen Ehe ihrer Eltern litt. Beide hatten großartige Berufe und verdienten wahnsinnig viel Geld. Ihr Vater war Anlageberater einer der größten Fondsgesellschaften in Deutschland und verwaltete ein Vermögen von mehreren Milliarden Euro. Ihre Mutter gehörte zum Vorstand eines Dax-Unternehmens. Obwohl ihre Eltern reich waren und voneinander unabhängig sein könnten, wenn sie es wollten, blieben sie zusammen. Was in Emilies Augen nicht gut für ihre Freundin war, sie aber nicht beeinflussen konnte.

»Jetzt sind wir ja wieder zusammen.«

»Ja, ich hab dir was mitgebracht.« Magdalena öffnete ihren Koffer und hielt ihr ein transparentes Etwas hin.

»Was ist das?«, fragte Emilie.

»Das ist ein transparenter String. Man sieht alles – einfach alles.«

»Du bist ja bescheuert«, rief Emilie lachend.

Auch Magdalena packte erst einmal ihren Koffer aus und ging duschen. Für Emilie war es ein vertrautes Gefühl, dass ihre Freundin wieder da war. Zwar war es schön, mit Männern zu schlafen, aber wahre Liebe gab es nur unter Frauen. Sie liebte es einfach, mit ihrer Freundin, Zimmerkollegin und Klassenkameradin die Höhen und Tiefen des Lebens zu teilen.

Magdalena kam ebenfalls nackt aus der Dusche. Emilie schaute ihre Freundin an und schaute noch mal. »Ich fasse es nicht, du hast dir wirklich den rechten Nippel stechen und dir eine Stange durchschieben lassen.«

»Das nennt man Piercing.«

»Ja, es sieht ultrascharf aus«, frohlockte Emilie.

Das tat es wirklich. Magdalena hatte ganz dunkle Brustwarzen und auch richtig große dunkelrote Vorhöfe. Der kleine Metallstab sah total sexy aus. Besonders durch ihre großen Brüste war der Stab ein echter Hingucker.

»Danke, hab ich mir im Urlaub machen lassen. Natürlich heimlich. Wenn meine Eltern mitbekommen hätten, dass ich mir ein Piercing hab machen lassen, wären sie im Dreieck gesprungen.«

Emilie grinste und schaute ihre Freundin lustvoll an. Das war das Schönste an ihrer Freundschaft, sie hatten keine Geheimnisse voreinander. Auch wenn sie in vielen Punkten anders dachten, so waren sie doch wie Schwestern.

Magdalena zog sich einen roten String an und legte sich aufs Bett. Emilie stand total auf Rot und so schaute sie ihrer Freundin intensiv aufs Becken, an dem sich der dünne rote Gummizug des Strings entlangschlängelte.

Die Mädchen schwiegen für einige Augenblicke und genossen die Ruhe. Emilie spürte tief in sich wieder eine intensive Lust, die sie langsam nervös machte. Der attraktive Körper ihrer Zimmernachbarin machte sie einfach geil.

»Ich hab uns noch mehr mitgebracht. Eine kleine Anzahl von Dildos. Aus Holz geschnitzt, und das mit der Hand. Wenn man sich auf den Malediven etwas abseits hält, kann man ganz schön witzige Sachen kaufen. Einer der Dildos hat einen kleinen Flamingo auf der Spitze.«

Emilie lachte dreckig. Oft fragte sie sich, wer von den beiden versauter war. Eigentlich war es egal und oft war es umso schöner, wenn sie spürte, dass nicht nur sie verdorben dachte.

***

Bald kam der Abend und das Duo ging zum Essen. Emilie zog sich einen kurzen weißen Rock und eine dünne blaue Bluse an. Magdalena entschied sich für eine schwarze Leggins und ein schlichtes weißes T-Shirt.

Schon auf dem Gang grinste Emilie. Die Leggins ihrer Freundin war transparent und man sah den heißen String in ihrer Arschritze. Ihr Arsch war so schön knackig. Am liebsten wäre Emilie ihr an die Wäsche gegangen und hätte ihr zärtlich über den Arsch gestreichelt, aber sie traute sich nicht. Ihr T-Shirt machte es nicht besser. Natürlich trug das schwarzhaarige süße Ding einen roten Push-up-BH, was ihre vollen Titten schön nach oben drückte.

Während des Essens saßen sie sich auch noch gegenüber. Emilie war nass, aber nicht von der Wärme und nicht auf der Stirn. Die Minuten im Speisesaal wurden zur Qual. Ein weiterer Grund, warum Emilie die Ferien schon vermisste. In Italien hätte sie sich jetzt einen Kerl geschnappt und es sich machen lassen.

»Du bist nervös, alles okay?«, fragte Magdalena.

Nein, war es nicht. Emilie war spitz wie Lumpi und sie konnte es nicht sagen. Die beiden hatten eine Vereinbarung getroffen. Ein einziges Mal hatten sie es bisher miteinander getrieben. Nach einer Feier waren sie angetrunken gewesen und hatten Lust. Der Sex war geil und unfassbar schön. Doch am nächsten Tag hatten sie sich geschworen, dass es nie wieder passieren sollte, und sie hielten sich an ihren Schwur.

»Ja.« Emilie traute sich einfach nicht, ihrer Freundin die Wahrheit zu sagen.

***

Nach dem Essen gingen sie auf ihr Zimmer. Die dicken Mauern waren von der langen Sonneneinstrahlung aufgeheizt. Die Mädchen zogen sich aus und legten sich schweigend auf ihre Betten. Eine merkwürdige lustvolle Stimmung lag in der Luft.

Magdalena ergriff zuerst das Wort: »Wollen wir kuscheln?«

»Ja«, war die jubelnde Antwort.

Emilie stand auf und schloss das Zimmer von innen ab. Einen Augenblick später legte sie sich zu ihrer Freundin ins Bett. Emilie liebte Magdalenas Haut, die so weich und flauschig war, wie sie es noch nie bei einem anderen Menschen gefühlt hatte. Ihre zarten Finger strichen zärtlich über Magdalenas Arm. Besonders toll fand Emilie die Bikinistreifen ihrer Freundin, sie stand total auf den farblichen Kontrast zwischen brauner Haut und den weißen

Möpsen. Dasselbe galt auch für die Scham ihrer Freundin. Wieder spürte Emilie eine Geilheit in sich, die sie unten total feucht machte. Leicht verschämt presste sie die Beine zusammen.

»Was ist los?«, fragte Magdalena erneut.

»Nichts.«

Wieder schwiegen sie. Emilie kuschelte sich in die Arme ihrer Freundin, dabei stimulierte ihr Arm deren Nippel. »Ich habe dich vermisst«, platzte es aus ihr heraus. Sofort schämte sie sich für ihren Ausbruch. So emotional war sie selten.

»Schatz, wenn du geil auf mich bist, dann sag es mir doch. Ich habe dich auch so sehr vermisst. Wollen wir miteinander schlafen?«

Im nächsten Moment drückte Emilie ihrer Freundin die Lippen auf den Mund und ließ ihre Hand zu Magdalenas kahler Spalte wandern. Ah, das geile Luder war feucht. Zum Glück! Also war Emilie nicht allein geil.

Weiche Frauenfinger griffen nach Emilies kleinen süßen Titten und streichelten liebevoll ihre Nippel. Dort war sie besonders empfindlich. Emilie hatte es ihrerseits auf das Piercing abgesehen. Mit dem Mund saugte sie die dunkle Brustwarze ihrer Gespielin förmlich ein. Der harte Widerstand oder besser gesagt das Piercing war geil zu lutschen.

Für die jungen Frauen war es ein Erlebnis. Magdalena genoss es, so verwöhnt zu werden, und Emilie kaute genüsslich auf dem Metallstab herum. Die Frauen verwöhnten sich weiter intensiv mit den Händen.

Magdalena war gut im Streicheln und genoss es, wenn sie Emilie an der Pussy spielen konnte, was sie in diesem Augenblick tat. »Du hast da unten einen Wasserfall«, frohlockte sie.

»Toll, wer ist wohl die Quelle meiner Lust?«

Magdalena grinste dreckig.

Die nächsten Minuten verwöhnten sie sich gegenseitig. Es wurde geknutscht, gestreichelt und sich intim berührt.

»Wollen wir unsere Fotzen aneinander reiben?«, fragte Emilie leise.

»Was für eine Frage, natürlich.«

Die beiden schlugen die Schenkel übereinander und begannen, ihre nassen Liebesgrotten aneinander zu reiben. Wellenartig bewegten sich ihre Körper, sodass sich ihre Mösen intensiv berührten.

»Magdalena, du bist leicht piksig.«

»Entschuldigung, ich hatte nicht mit deiner Liebesspalte gerechnet.«

»Ist nicht schlimm, es ist geil.«

War es auch wirklich. Die zarten Borsten schenkten Emilie geile Lustimpulse. Es dauerte nur noch Sekunden und Emilie erlebte einen intensiven Orgasmus. Der Höhepunkt war hemmungslos schön und löste endlich ihre Lust auf. »Darf ich deine weiße Fotze küssen?«, fragte sie mit einem Augenzwinkern.

»Ach ja, deine Vorliebe für Bikinistreifen.« Magdalena zog ihre Schamlippen auseinander und zeigte ihrer Gespielin ihre offenstehende Perle.

Emilie legte sich mit einem strahlenden Lächeln zwischen die Beine ihrer Freundin und begann, sie liebevoll zu schmecken. Die kleinen Borsten waren perfekt, um mit der Zunge umspielt zu werden, und genau das tat Emilie auch. Das zarte Fleisch einer süßen Frau zu schmecken und zu verwöhnen, war ein Traum, zumindest für die blonde Schönheit. Während sie die Pflaume liebkoste, spielte Magdalena mit ihren Nippeln und stöhnte leise. Eine Frau dabei zu beobachten, wie sie sich selbst verwöhnte, war etwas so Intimes und Schönes, dass Emilie liebevoll zuschaute, während ihre Zähne begannen, auf den intimen Lippen ihrer Freundin zu kauen.

»Ich ertrinke bald. So viel zum Thema Wasserfall und Biotop.«

Die Angesprochene lachte derbe und verwöhnte sich weiter. Ihre Nippel waren total geschwollen und standen ab.

»Spuck auf deine Titten, dann glänzt dein Bikinistreifen noch mehr.«

»Emilie, du versautes Stück.«

Natürlich tat Magdalena ihr den Gefallen und rieb ihre Titten mit ihrem Speichel ein, sodass sie schön glänzten. Magdalenas Seufzen wurde intensiver und lauter.

Emilie gab alles, während sie die offenen Lippen ihrer Freundin mit der Zunge umspielte. Massen an Schleim spürte Emilie in ihrem Gesicht. Nun steckte sie Magdalena die Zunge unten rein und kitzelte den harten G-Punkt ihrer Freundin, die mit einem lauten Wiehern, wie man es von jungen Pferden kannte, die sich des Lebens freuen, kam und einen fantastischen Höhepunkt erlebte. Emilie genoss das Schauspiel.

Danach kuschelten die jungen Frauen miteinander und schliefen zufrieden ein.

***

Der nächste Tag war noch gar nicht richtig angebrochen, als Emilie sich in die Arme ihrer Freundin schmiegte. Sie hatte wundervoll geschlafen. Magdalena roch so herrlich sexy nach einer geilen Nummer und so bekam die heiße Blondine nicht genug von ihrer Freundin. Zärtlich streichelte sie ihr über die fleischigen Hügel, die einfach nur schön waren.

»Emilie, hast du letzte Nacht nicht genug bekommen?«

»Nö, ich habe dich vermisst. Sex mit einem Mann ist schön, aber du bist so herrlich zärtlich. Ich könnte dich den ganzen Tag streicheln.«

»Und mich geil machen. Danke.« Auch Magdalena hatte die letzte Nacht genossen. Sie war ziemlich begeistert von ihrer Zimmernachbarin. Zwar genoss auch sie den Sex mit Männern, aber unter Frauen war es einfach anders. Irgendwie intensiver.

»Kannst du dir vorstellen, nur noch mit Frauen zu schlafen?«, fragte Emilie.

»Ich weiß es nicht. Mal so eine harte Stange in sich zu spüren, ist schön, und was wäre die Welt ohne Männer?«

»Stimmt, und jetzt stehen wir auf. Es riecht hier immer noch nach Sex.«

Die Freundinnen standen auf und gingen ins Bad.

»Warte mal.« Magdalena grinste wieder so komisch und verschwand. Was hatte sie vor?

Kurz darauf kam sie mit einem Dildo aus Holz mit einem Flamingo auf der Spitze zurück. »Das Teil ist geil. Besonders der Schnabel des Flamingos ist geil. Soll ich es dir zeigen?«

Emilie starrte auf den dicken Stab. Natürlich kannte sie Dildos, aber dieser war wirklich dick und die Spitze lud geradezu zum Sex ein. »Ja.«

Die Mädels gingen wieder ins Bett. Magdalena spreizte weit die Beine, was Emilie sofort wieder rattig machte. Die Schenkel der hübschen Schwarzhaarigen waren schön schlank und straff. Voller Lust schaute Emilie zu, wie Magdalena den dicken Dolch über ihre Brüste führte, und ihre Nippel verhärteten sich. Der Flamingo war wirklich schön. Mehrfach führte sie das Holz über ihr Piercing. Es sah geil aus. Magdalena gab sich völlig hemmungslos und präsentierte sich freizügig. Emilie konnte die feinen Haarstoppel sehen, die so herrlich pikten. Nun steckte sich Magdalena den Holzstab in den Mund, nuckelte voller Lust am Flamingo. Es sah so was von heiß aus.

Nun war die Spitze des Dildos angefeuchtet und die junge Frau berührte die Innenseiten ihrer Schenkel. Langsam näherte sie sich ihrer Spalte.

»Du bist total nass.«

»Emilie, ich mache es mir gerade selbst.«

Wieder kicherten die jungen Mädels und Magdalena machte weiter. Der Flamingo berührte die nassen Lippen ihrer Liebesspalte. Langsam schob sie sich das Teil unten rein und stöhnte. »Die Größe macht es aus.«

Die Worte aus Magdalenas Mund erregten ihre Freundin weiter. Mehr als vierzig Zentimeter war die Holzstange lang.

Magdalena steckte sich das Teil tief unten rein. Weißer Schleim legte sich auf das Holz. »Ich komme!« Sie machte ein Hohlkreuz und gab sich ihrer Lust hin. Laut seufzend drückte sie die Brust gegen den Körper ihrer Freundin.

Es war ein Traum, bei diesem intimen Augenblick dabei zu sein. Emilie war nicht minder feucht als ihre Freundin.

Die zwei Frauen tauschten die Rollen.

»Bitte, mach ihn nicht sauber. Ich will deinen Schleim haben.« Emilie war nur noch Lust pur. Geil, wie sie war, schob sie sich die lange Stange in einem Zug unten rein. Das Holz war schön warm und der süße Lustschleim ihrer Freundin gab ihr einen zusätzlichen Kick. »Schau mir billig zwischen die Beine. Ich will mich schmutzig fühlen.«

Magdalena tat es und so fühlte sich Emilie einfach nur geil und fickte sich mit dem heißen Flamingo. Ihre Freundin hatte recht. Das kleine Tier kitzelte herrlich in ihrer Pussy und gab ihr noch weitere geile Impulse. Eine Welle der Lust flutete sie und schenkte ihr einen wunderschönen Höhepunkt. Es war ein Traum, nicht nur eine Freundin im Zimmer zu haben, sondern auch eine intime Lustpartnerin.

***

Die nächsten Tage waren schön und auch der Schulbeginn konnte ihre Laune kaum mindern. Beide hatten ihren Spaß und genossen die Zeit zu zweit. Dennoch hatte Emilie mit ihrer Lust auf einen heißen Männerschwanz zu kämpfen.

»Emilie, du bist seit einigen Tagen so still. Ist was nicht in Ordnung?«

»Ich hab dich total lieb, aber ich brauch mal wieder einen Schwanz.«

»Du geile Bitch. Meinst du, ich nicht? So ein hartes Rohr,

das man tief in den Mund nehmen muss und das schön salzig schmeckt. Ich bin schon wieder so geil.«

Die beiden seufzten.

***

An einem frühen Morgen im September gingen sie eine Runde spazieren. Der Herbst kam in diesem Jahr früh und die Blätter färbten sich schon. Im Hof des Internats befanden sich zwei große Ahornbäume, die sehr viele Blätter verloren.

Magdalena erblickte ihn zuerst. Mit der Hand hielt sie ihre Freundin fest.

»Was ist los?«

»Sex voraus.«

Emilie schaute in die Richtung, in die ihre Freundin starrte, und bekam große Augen. War das die Möglichkeit? Ein junger schlanker Mann in einem Arbeitsoverall war gerade dabei, die Blätter des Baumes zusammenzuharken. Obenrum trug er neben den Hosenträgern der Latzhose ein orangefarbenes T-Shirt. Seine Arme glänzten leicht in der Sonne.

»Guten Tag, was machen Sie hier? Ich habe Sie noch nie gesehen«, fragte Magdalena.

»Ich bin der neue Gärtner. Mein Name ist Max.«

»Das ist ja schön. Ich bin Magdalena und das ist Emilie. Wir sind sehr gute Freundinnen.«

»Schön, ihr seid sehr hübsch.«

»Vielen Dank. Man sieht sich.«

Die beiden jungen Frauen ließen den jungen heißen Gärtner hinter sich. Emilie kicherte und Magdalena grinste über das ganze Gesicht.

»Der Kerl ist total heiß. Hast du gesehen, was der für einen Bolzen hat? Den süßen Boy mal im Bett zu haben, wäre ein Traum.«

Emilie biss sich auf die Lippen. Schweigend gingen sie weiter.

Als der Unterricht begann, konnten sie sich kaum konzentrieren. Emilie kritzelte auf ein Blatt Papier und Magdalena blickte aus dem Fenster. Immer wieder schauten sie sich an. Woran sie dachten, war klar. Sex. Geilen, harten, schmutzigen Sex.

Der Vormittag zog sich unendlich lange hin.

Im Speisesaal schauten sie sich an.

»Woran denkst du, Magdalena?«

»Woran wohl. Wollen wir versuchen, den Boy ins Bett zu bekommen?«

»Ich liebe es, wenn du mich so schmutzig anschaust. Ja, natürlich. Ich brauch dringend einen Schwanz.«

***

Den ganzen Nachmittag lagen die Freundinnen auf ihren Betten und philosophierten über die richtige Methode, Max ins Bett zu bekommen. Einen richtigen Plan hatten sie nicht, dafür wurde ihre Lust immer größer. Beide fühlten eine gigantische Lust in sich. Der erste Kontakt mit einem heißen Typen seit Wochen ließ ihre Hormone total verrücktspielen. Am Internat waren nur weibliche Schülerinnen zugelassen und so waren Männer totale Mangelware.

»Schatz, ich habe den Plan für uns.«

Emilie grinste und hörte ihrer Freundin in den nächsten Minuten aufmerksam zu.

***

Früh am nächsten Morgen ging Max wieder der gleichen Tätigkeit nach wie am Tag zuvor. Er harkte die Blätter des großen Baumes zusammen. Er war erst wenige Minuten bei der Arbeit, als Magdalena in einem weißen Faltenrock, der verdorben kurz war, auf ihn zusteuerte.

»Hallo Max!«, rief sie laut.

»Hallo.« Er winkte ihr zu.

Plötzlich knickte sie um und fiel auf den Boden. Laut stöhnte sie auf.

Max eilte zu ihr. »Hast du dir wehgetan?«, fragte er besorgt.

»Ich weiß nicht. Mein Knöchel tut weh.« Sie spreizte leicht die Beine und zeigte ihm ihren blauen String.

Nervös schaute er ihr für Sekunden zwischen die Schenkel, es zuckte gewaltig in seinem Schritt. »Kannst du aufstehen?«, fragte er leise.

»Ich weiß nicht. Ich bin auf den Blättern ausgerutscht. Es tut weh.«

»Kann ich etwas für dich tun?«, fragte er nach.

»Vielleicht kannst du mich auf mein Zimmer tragen? Ich habe mir schon mal am Knöchel wehgetan. Eiswürfel oder ein nasser Lappen haben damals geholfen. Ich brauch Hilfe.« Magdalena drückte ihre Brust in seine Richtung. Obenrum trug sie nur ein dünnes weißes T-Shirt, darunter einen blauen BH, der zu ihrem String passte.

»Natürlich helfe ich dir.« Er half ihr hoch und nahm sie auf die Arme. Wie eine Braut, die über die Schwelle der gemeinsamen Wohnung getragen wird, trug er sie ins Haus.

Seine muskulösen Oberarme faszinierten Magdalena. Sie brannte vor Lust und wollte mehr. Begeistert strich sie über seine Oberarme. »Du bist so unfassbar stark.«

Vorsichtig lächelte er. Bald erreichten sie ihr Zimmer. Er drückte die Tür mit der Schulter auf und trug seine heiße Fracht über die Schwelle.

»Huch, was ist denn hier los?«, fragte Emilie, die nur mit ihrem transparenten String bekleidet aus dem Bad kam. Ihr Körper war nass und glänzte im Tageslicht.

Mit offenem Mund schaute Max Emilie auf den heißen Körper.

»Schatz, was ist passiert?«, fragte sie besorgt.

»Ich bin umgeknickt. Die Blätter waren so rutschig. Leg mich bitte auf das Bett.«

Der Gärtner tat Magdalena den Gefallen und legte sie vorsichtig ab.

Emilie trat neben Max und starrte ihm zwischen die Beine. »Danke, dass du meinen Schatz nach Hause gebracht hast. Dafür hast du dir eine Belohnung verdient.« Mit einem lüsternen Blick fasste die Blondine dem jungen Mann zwischen die Beine und knetete frech seine Stange. »Du bist groß.«

Bevor er etwas sagen konnte, hatte sie die Knöpfe in seinem Schritt bereits geöffnet und befreite seinen harten Schwanz. Ihre Augen strahlten beim Anblick des harten Stabes. »Du hast gute Arbeit geleistet. Sein Ding ist schon nass.«

»Zeig mal.« Magdalena strahlte.

Voller Lust holte Emilie den Rüssel heraus und zog seine Vorhaut zurück.

Lustvoll leckte sich ihre Freundin über die Lippen. »Mach es ihm schön mit dem Mund.«

Grinsend senkte Emilie den Kopf und leckte über seine Spitze. Max stöhnte heiser auf. Die zwei Mädels hatten ihn am Haken und das war auch gut so. Ihre Körper gierten nach Sperma.

Die hübsche Blondine strengte sich an und gab alles. Mit großer Motivation nahm sie den nassen Rüssel in den Mund. Er schmeckte herrlich. Salzig und bitter, was will Frau mehr? Bald hatte sie seinen Stab tief im Mund.

Endlich wurde auch er aktiv und griff ihr gierig an die Titten. Seine riesigen und kraftvollen Hände kneteten ihre Hügel. Es war eine Wohltat.

»Macht ja nichts ohne mich.« Magdalena sprang auf und riss sich die Klamotten vom Leib. Sie spürte seine Blicke, die lustvoll auf ihrem Körper lagen.

»Du hast keine Schmerzen mehr?«, fragte er.

»Nö, am besten hilft mir Sex.«

Es dauerte nur Sekunden, bis sie nackt war. Breitbeinig kniete sie sich auf ihr Bett. Mit einem sexy Blick griff sie nach seiner Hand und führte sie an ihre Perle. »Du kannst unten an mir spielen, wie es dir gefällt.«

Sofort zwirbelte er ihre nassen Lippen. Hände von Bauarbeitern oder Gärtnern waren ihr am liebsten. Rau, groß und mit einer dicken Hornhaut überzogen, was sich herrlich derb anfühlte.

Als Max gegen ihre geschwollenen Schamlippen schnippte, zuckte sie zusammen. »Du ungezogener Kerl.« Sie drückte ihren Mund gegen seine Lippen und sie fielen förmlich übereinander her. Ihre Zungen spielten heftig miteinander.

Emilie war unterdessen ganz mit seinem Riemen beschäftigt. Blasen war einfach geil. Mehrere Minuten verwöhnte sie ihn. Doch sie wollte mehr. So öffnete sie die Hosenträger und zog ihm das Shirt aus. Seine breiten Bauchmuskeln waren toll. Mit großem Verlangen streichelte sie über seinen makellosen Oberkörper.

»Fick mich!« Magdalena ertrug es nicht mehr und legte sich breitbeinig aufs Bett. Max schob sich zwischen ihre Beine. Mit der Hand strich sie über seine harte Eichel. »Ramm ihn mir brutal rein. Ich will es hart.«

Wortlos setzte der hübsche Gärtner seinen Riemen an ihre nasse Spalte und drückte in ihr hart unten rein.

»Ja, das ist so geil.« Magdalena schrie ihre Lust heraus. Er nahm sie hart und fickte sie mit ganzer Kraft.

»Ich will auch.« Emilie kniete sich breitbeinig über Magdalenas Gesicht und drückte ihre nasse Pussy auf das Gesicht ihrer Freundin. Sofort wurde sie lustvoll geleckt. Gleichzeitig griff sie nach den Händen ihres Lovers und führte sie zu ihren kleinen süßen Titten. Er zwirbelte ihre Nippel. Emilie fühlte eine unbändige Gier in sich. Seine Hände waren magisch. Sie stöhnte laut auf. Es fühlte sich an, als würde eine Lawine der Lust über sie hereinbrechen. Tausende von Sternen funkelten vor ihren Augen. Es war einfach nur schön.

Während sie ihren geilen Höhepunkt erlebte, war auch Magdalena nicht weit von ihrem entfernt. Sein Stab fühlte sich herrlich in ihrem Leib an. Groß, dick und warm, mehr wollte und brauchte sie nicht. Sie griff nach seinen Eiern und melkte sein Euter. »Komm, spritz mich voll. Ich muss geschmiert werden.«

Die derben Worte gaben den Startschuss für das große Finale. Max rammelte sie, so hart er konnte. Beide Körper vereinigten sich und Magdalena erlebte einen gigantischen Höhepunkt. Seine Tropfen der Lust in ihrer Möse fühlten sich an, als würde warmes Wasser auf einem heißen Stein verglühen. Hart melkte sie seine Eier.

»Wenn du kommst, dann zieh ihn bitte gleich raus. Emilie braucht auch Sahne.«

Max ging noch steiler ab. Inzwischen war er schweißgebadet. Lust stand in seinen Augen. Immer unregelmäßiger nahm er sie.

Dann war es so weit. Magdalena fühlte den ersten Strahl Saft, der sie schmierte. »Gib es mir!« brüllte sie. Endlich wurde ihre Lust befriedigt. Es war ein Traum.

Er zog seinen pulsierenden Schwanz aus ihrer Pflaume und drückte seinen Stab auf ihren flachen Bauch.

Emilie senkte den Kopf und nahm seinen Stab in den Mund. Sein Samen schmeckte köstlich. Mit großer Lust saugte sie ihn aus. Als sie fertig war, leckte sie auch noch den Bauch ihrer Freundin sauber. »Scheiße, jetzt ist nichts mehr für mich übrig. Ich will auch einen Schwanz unten reinhaben«, sagte Emilie leicht sauer.

»Wenn du mit deinem Arsch wackelst und deiner Freundin am Piercing spielst, dann nehme ich dich von hinten. Ich stehe auf geile Ärsche.«

»Was meinst du? Kriegen wir das hin?«, fragte Emilie ihre Freundin.

»Klar, mein Schatz.« Magdalena legte sich aufs Bett und spreizte die Beine. »Siehst du, wie dein Samen aus meiner Fotze läuft? Ich bin gerade erst achtzehn Jahre alt geworden und ein unschuldiges

Mädchen. Du bist erst mein zweiter Mann.« Zwar stimmten ihre Worte nicht, aber was zählte, war das Ergebnis.

Max war innerhalb von zwanzig Sekunden wieder steinhart und seine harte Latte war das, was Magdalena wollte und auch bekam.

»Ich nehme dich doggy. Zeig mir deinen Arsch.«

Emilie strahlte vor Geilheit. Sofort streckte sie ihm ihren Arsch entgegen. Sie fühlte sich so richtig schön schmutzig. Grobe Hände packten ihre Hüften und sie wurde zu seinem Schwanz gezogen. Dann spießte sie sein riesiger Stab förmlich auf. Sein Rohr war noch dicker als der Kunstschwanz aus Holz, den sie gern in sich spürte. Ihr Leib explodierte förmlich. Immer tiefer rutschte er in ihren Körper. Die Größe eines Marterpfahls war nichts gegen seinen Schwanz. Jede Erhebung, jede Unebenheit und jede kleine Ader an seinem Stab waren ein lustvoller Impuls für ihre Geilheit. Emilie begann, ihrer Freundin an den Nippeln zu spielen, dabei streckte sie Max ihren Hintern noch weiter entgegen. Seine Pranken krallten sich an ihrem Arsch fest und sie wurde noch härter genagelt. Die Kraft, mit der er sie nahm, war einfach nur geil. Emilie fühlte, wie die Lust sie langsam in Stücke riss. Wie eine Maschine nahm er sie. Es war eine Feuerwand, die auf sie zuraste. Zwei seiner groben Finger griffen nach ihrer Spalte. Sie schrie ihre Geilheit in die Welt, als die Feuerwand sie erfasste und ihre Lust zum Kochen brachte.

Noch war ihr Höhepunkt nicht verklungen, als sie von warmer Sahne geflutet wurde. Massen an Saft füllten sie. Sie fasste sich mit einer Hand zwischen die Beine und als ihr sein warmer Schleim über die Finger lief, erklomm sie den höchsten Berg der Welt und erlebte einen Höhepunkt, den sie nie für möglich gehalten hatte.

Einige Minuten später lagen die Mädchen erschöpft auf dem Bett, während Max sich mit einem Pfeifen auf den Lippen die Latzhose anzog.

»Max, kannst du uns bitte krankmelden? Wir haben heute keine Lust auf Unterricht. Der Sport war genug für uns … heute.«

Bei mir herrscht Disziplin

Uh, die Mädchen hatten an diesem Tag mal wieder ultrawenig an. Finn Ebele und seine Freunde liebten die Sommermonate an ihrer Schule. Ab Anfang Mai herrschte Geilheitsalarm bei den vier Jungs. Die Mädels zeigten, was sie hatten, und die Jungs geilten sich daran auf. So auch an diesem warmen Vormittag, als die Klasse vom Sportplatz zurückkam. Die insgesamt zweiundzwanzig Schüler und Schülerinnen der zwölften Klasse legten die fast zwei Kilometer zwischen dem Sportplatz und der Schule zu Fuß zurück.

Die meisten Mädels trugen kurze Hosen oder enge Leggins. Besonders begehrt war Franca Lehl. Sie war die Hübscheste in der Klasse. Mit ihren langen brünetten Haaren, dem ovalen Gesicht und einem absolut geilen Körper war sie der Star. Auf den Mund gefallen war sie auch nicht. Sie neckte die Jungs in der Klasse gern, was diese natürlich nicht auf sich sitzen ließen. So wurde hin und her gefrotzelt.

Finn war Meinungsmacher der Klasse. Mit seiner braunen Lederjacke, die er ständig trug, den kurzen blonden Haaren und dem schlanken Körper war er attraktiv, wenn auch keine Augenweide. Rhetorisch jedoch war er eine Klasse für sich und konnte fast jeden Schüler und so manchen Lehrer an die Wand reden.

Als sie den Schulhof erreichten, bückte sich Franca, weil ihr Schnürsenkel offen war. Ihre gebückte Position gab einen geilen Blick auf ihren heißen Arsch frei.

»Na, Franca? Üben wir schon mal die Position, wie dein Freund dich nachher bumst?«

Die Klasse grölte vor Lachen.

»Hab ich es mir doch gedacht«, donnerte die harte Stimme von Ute Kasokat über den Schulhof.

Die Jungs zuckten zusammen. Breitbeinig stand die reife Lady mit ihren kurzen roten Haaren vor der Klasse. »Finn Ebele, du kommst sofort zu mir.«

»Natürlich, Frau Kasokat.« Der Angesprochene sprintete die fast zwanzig Meter zur Lehrerin.

»Macht es uns Spaß, Frauen auf diese widerliche Art zu beleidigen?«, fragte sie sehr laut.

Finn zuckte zusammen. »Nein, das war natürlich ein Fehler. Es tut mir leid.«

»Ach so, tut es das? Du weißt genau, wie ich Männer hasse, die Frauen so behandeln. Bis morgen schreibst du einen Aufsatz über zehn Seiten zum Thema Frauen und Männer – Gleichberechtigung im einundzwanzigsten Jahrhundert. Bis acht Uhr liegt der Aufsatz im Lehrerzimmer. Wenn nicht, gibt es ein langes Elterngespräch. Haben wir uns verstanden?«

»Natürlich. Gleich nach dem Unterricht werde ich mich an die Arbeit machen.«

»Gut, und jetzt geht euch umziehen. Die Stunde ist gleich zu Ende und ich habe Pausenaufsicht. Wenn ich auch nur ein Stück Papier auf dem Boden des Schulhofs sehe, gibt es kollektives Nachsitzen. Und jetzt bewegt euch.«

Die Klasse trottete mit gesenkten Köpfen an der reifen Lehrerin vorbei.

Finn war ganz kleinlaut geworden. »Boah, was hat die heute wieder für eine Laune?«, fragte er seine Jungs ganz leise.

»So ist sie halt.«

Und das stimmte. Breitbeinig und mit in die Hüften gestützten Händen beobachtete sie die jungen Leute. Sie war wieder mal in ihrem Element. Disziplin und noch mal Disziplin war ihre Devise.

Zufrieden schaute sie der Gruppe junger Menschen hinterher. Dabei fühlte sie ein leichtes Pochen zwischen den Beinen. Das Gefühl von Macht über andere Menschen berauschte sie und sie liebte es, wenn andere taten, was sie wollte. Mit ihrem Körper war die Zweiundvierzigjährige mehr als zufrieden. Schöne Brüste, ein geiles Becken, tolle Schenkel und grün-braune Augen machten sie attraktiv, was sie gern auch mal ausnutzte. Doch in den letzten Jahren hatte sie bei Männern kein Glück gehabt. Ihre dominante Art schreckte die Typen ab und so holte sie sich, was sie brauchte, meist in diversen Internetforen und streichelte sich dabei selbst.

Ute war der Meinung, dass junge Leute hart erzogen werden mussten. Wenn man ihnen zu viele Freiheiten ließ, wurden sie übermütig und schlugen über die Stränge. Aber nicht bei ihr. Bisher hatte sie Privates und Berufliches stets getrennt und doch erregte es sie sehr, wenn sie sich vorstellte, einen ihrer Schüler hart zu züchtigen. Aber so weit war es bisher nicht gekommen. Noch nicht.

***

Der Schultag verging. Am Abend saß sie vor einem Haufen Hefte und kontrollierte einen Aufsatz, den die Schüler ihrer Klasse geschrieben hatten. Aber der Gedanke an die Situation zwischen Finn und der wirklich heißen Franca ließ sie nicht mehr los. Das Luder war aber auch wirklich geil. Gern hätte sie die hübsche Schülerin bestraft.

Ute war sich im Klaren darüber, dass sie auf SM stand. Bisher lebte sie diese Neigung nur in speziellen Chats aus, aber die Vorstellung, es auch mal mit ungezogenen Schülerinnen zu treiben, geilte sie schon lange auf.

Sie lenkte ihre Konzentration wieder auf die Arbeitshefte ihrer Klasse, beschloss aber schon bald, für diesen Tag Schluss zu machen.

Bevor sie ins Bett ging, schaute sie noch in ihr E-Mail-Postfach. Es gab eine Tauschbörse für Lehrkräfte. Nein, so ganz stimmte das nicht. Es war ebenso eine Stellenbörse, wo Arbeitgeber Stelleninserate aufgeben konnten. Ute bekam regelmäßig die neuesten Angebote. Sie hatte sich aus Neugier registriert und weil sie wissen wollte, was gerade so angeboten wurde. Meistens war nichts dabei und sie suchte auch nicht aktiv, aber es konnte nicht schaden, auf dem Laufenden zu sein. So überflog sie die Stellenangebote.

Plötzlich rieb sie sich die Augen. Konnte das sein? Die Ursula-Mädchenschule, ein Internat, suchte eine Lehrkraft. Der Gedanke, nur Mädchen zu unterrichten, hatte für Ute einen besonderen Reiz und sie überlegte, sich zu bewerben. Was hatte sie schon zu verlieren?

***

In dieser Nacht schlief sie schlecht. Immer wieder kreisten ihre Gedanken um die Arbeit in einem Internat. Beim Frühstück hatte sie endgültig eine Entscheidung getroffen. Ja, sie würde sich bewerben.

Gleich nachdem sie die Schule betreten hatte, klopfte sie an die Tür des Direktors.

»Ja, bitte.«

Ute betrat sein Büro und schloss die Tür hinter sich.

»Frau Kasokat, nehmen Sie Platz. Was kann ich für Sie tun?«

»Ich möchte mich beruflich verändern und möchte Sie um ein qualifiziertes Zeugnis bitten.«

»Das bekommen Sie gern.«

»Danke, Herr Gabler.«

Zufrieden stand Ute auf und verließ sein Büro.

***

Manfred Gabler atmete durch und sprang dann auf. Vor Freude über die Nachricht führte er einen Freudentanz auf. Endlich hatte er die Gelegenheit, Ute Kasokat loszuwerden. Die Frau war nichts gegen eine Domina. Streng war gut, aber nicht so hart wie Frau Kasokat. Sie war einfach zu hart für den aktiven Unterricht. Die Beschwerden über die strenge Lehrerin waren enorm. Es verging nicht eine Woche, in der sich nicht mindestens ein Elternpaar bei ihm darüber beschwerte, Frau Kasokat sei zu streng und total unempathisch. Was sollte er dazu sagen? Die Eltern hatten recht und doch musste er seine Lehrerin verteidigen.

So lobte er die reife Milf im Zeugnis in den höchsten Tönen.

***

Ute freute sich über das Zeugnis. Leicht aufgeregt bewarb sie sich. Es war nicht allein die Lust auf Veränderung, die sie antrieb, der Gedanke an heiße geile Stuten, die gezüchtigt werden wollten, erregte sie maßlos.

Immer tiefer tauchte sie in diesen Tagen in die Welt von Dominanz und Unterwerfung ein. Die Lust und die Faszination, über andere Menschen zu bestimmen, nahmen immer intensiver Besitz von ihr. So beschloss sie, diese Neigung in ihrer neuen Tätigkeit auszuüben, wenn sie den Job bekäme.

***

Fast jeden Tag schaute sie erwartungsvoll in den Briefkasten. Die Tage wurden quälend lang. Als sie schon fast nicht mehr an eine erfolgreiche Bewerbung dachte, lag endlich ein kleiner rechteckiger Brief in ihrem Briefkasten. Neugierig öffnete sie den Umschlag und jubelte fünf Sekunden später. Sie war wirklich eingeladen worden und das sehr kurzfristig.

Zwei Tage später fuhr sie ins Internat. Schon als sie die heißen Schülerinnen sah, lief ihr das Wasser im Munde zusammen. Diesen kleinen verdorbenen Biestern würde sie schon zeigen, wie es im Leben lief.

Zackig meldete sie sich im Sekretariat und wurde auch gleich zum Direktor durchgelassen. Moritz Grützmacher war ein reifer schlanker Mann von etwa fünfzig Jahren. Sie verstanden sich auf Anhieb.

Ute hielt sich etwas zurück, auch wenn sie gleich deutlich machte, dass sie bei der Erziehung Strenge walten ließ.

»Ihr Zeugnis ist hervorragend, warum wollen Sie sich verändern?«

Eine Frage, wie sie bei fast jedem Vorstellungsgespräch gestellt wurde. Ute hatte sich darauf vorbereitet. »Ich arbeite gern an einer allgemeinbildenden Schule, aber mich reizt es, vor allem den weiblichen Schülerinnen Disziplin, Anstand und Gerechtigkeit beizubringen.«

»Eine gute Antwort. Wenn Sie wollen, können Sie zum nächsten Ersten bei uns anfangen. Als Lehrkraft wohnen Sie auch hier im Internat. Die Zimmer sind kostenlos, das Essen auch. Was sagen Sie?«

»Sofort Ja. Ich freue mich auf meine neue Aufgabe.«

So war der Schulwechsel beschlossene Sache und Ute fuhr mit einem tollen Gefühl nach Hause. Immer wieder dachte sie an die heißen Schlampen, denen sie es schon zeigen würde. Ihre Lust auf Dominanz steigerte sich immer mehr.

Als sie an diesem Abend im Bett lag, ergriff ein perfider und auch lustvoller Plan von ihr Besitz. Durfte eine Lehrerin solche Gedanken haben? Sie kämpfte mit ihren Gefühlen, die sich noch nie so stark gezeigt hatten. Die ganze Nacht wälzte sie sich in ihrem Bett von rechts nach links. Es war zum Verrücktwerden. Je länger sie nachdachte, umso geiler wurde sie.

***

Am nächsten Tag machte sie sich im Netz auf die Suche. Sie tummelte sich auf Seiten von Versandhäusern, die erotisches Spielzeug anboten, und bestellte eine große Kollektion an heißer Wäsche und Sexspielzeug. Das war der erste Schritt in ihr neues Leben, das sicher noch sehr viele Überraschungen für die rothaarige Schönheit bereithielt.

Doch erst einmal war es an der Zeit, herauszufinden, ob sie überhaupt noch Chancen bei den Männern hatte, um ihren teuflisch sündigen Plan umzusetzen.

In einer engen weißen Jeans, schwarzem Top und offener Strickjacke ging sie am nächsten Tag zur Schule. Unter dem Top trug sie einen gelben BH. Wenn sie die Strickjacke auszog, sah man die Träger ihres BHs und somit auch die Farbe ihrer Unterwäsche. Der BH war gepolstert und machte aus siebzig B siebzig C. Ute fühlte sich sexy und das merkte man ihr auch an. So trat sie in der Schule noch selbstsicherer auf.

Als sie die lange Aula durchschritt, sah sie die gierigen Blicke ihrer Kollegen, auch einige Schüler schauten sie verstohlen an. Sex zog immer und so fühlte sie sich seit langer Zeit wieder begehrenswert. Ein tolles Gefühl. Im Lehrerzimmer zog sie die Strickjacke aus und präsentierte ihre nackten Schultern. Vorwiegend die männlichen Kollegen schauten sie mal mehr und mal weniger direkt an. Woran die geilen Böcke dachten, sah sie an den Beulen in den Hosen der Typen. Geil!

In der ersten Stunde hatte sie Unterricht in der Klasse von Finn Ebele. Sie war gespannt, wie er und die anderen pubertierenden Jungs reagieren würden. Voller Selbstvertrauen betrat sie das Klassenzimmer und schloss hinter sich die Tür. Es war sofort still, aber nicht weil sie Angst vor ihrer Lehrerin hatten, sondern weil sowohl die Mädels als auch die Jungs sie anstarrten, was bestimmt nicht an ihrer Frisur lag.

Die ganze Stunde zeigte sie sich sexy. Mal zog sie ihre Strickjacke aus, mal wieder an. Mal zeigte sie an der Tafel der Klasse ihren Arsch, mal ihre heißen Schenkel. War sie geil? Ja, und es fühlte sich gut an. Während sie durch die Klasse ging, sah sie teilweise harte Beulen in den Hosen ihrer Schüler, die Mädchen tuschelten hinter ihrem Rücken. Es war einfach nur schön. Wie gern hätte sie ein Exempel statuiert und ihre Macht demonstriert. Sie hatte das Sagen. Am liebsten hätte sie Franca von Finn bumsen lassen. Nicht um Finn einen Gefallen zu tun, sondern um Franca die nuttige Kleidung auszutreiben. Wie das junge Ding mit ihren Hüften wackelte und ihren Körper zur Schau stellte, war abgrundtief billig. In ihrer neuen Schule würde sie diese Auswüchse nicht tolerieren. Ute musste schlucken. Liebte sie es auch, ihr eigenes Geschlecht zu erniedrigen? Was für ein frivoler Gedanke. Doch jetzt ging es erst einmal darum, ihren attraktiven Body in Szene zu setzen. So experimentierte sie bis zu ihrem Arbeitsbeginn im Internat mit ihrer neu entdeckten Lust.

***

An ihrem ersten Arbeitstag im Mädcheninternat trug sie einen kurzen grünen Rock und eine blaue Bluse. Ihre Haare hatte sie länger wachsen lassen und trug sie jetzt zu einem kleinen Zopf gebunden.

Sie übernahm eine dreizehnte Klasse. Als sie den Klassenraum betrat, schaute sie sich ihre neuen Schülerinnen an. Es herrschte wildes Getuschel, als sie sich vor die Klasse stellte.

»Alle mal herhören. Ich bin Ute Kasokat und eure neue Lehrerin. Bei mir herrscht Disziplin. Keine redet, wenn ich ihr nicht das Wort erteile.«

»Das kann ja heiter werden.«

Sie wusste sofort, welche Schülerin diese Worte aussprach. Es war eine von diesen billigen Barbies. Große malerische Augen, eine kleine Nase, breite Lippen und lange blonde Haare.

»Aufstehen.«

Lustlos erhob sich das Mädchen. Sie trug ein bauchfreies Top, dazu eine Hüfthose und eine dünne Strickjacke. Eine wilde blonde Mähne unterstrich ihre Schönheit.

»Name?«

»Boah, jetzt machen Sie hier mal nicht so eine Welle. Mein Name ist Janett Rosplesch. Meinem Vater gehört die gleichnamige Kosmetikkette.«

»Ach ja, und was hat das mit dem Unterricht hier zu tun?«, fragte Ute.

»Na ja, wenn ich will, dann kauft mein Vater den Laden.«

»Das mag ja sein, aber ich bin hier deine Lehrerin. An meiner alten Schule herrschte absolute Disziplin und das wird hier auch so weitergeführt. Morgen ziehst du dir was Anständiges an. Damit du mich gleich richtig kennenlernst, gibt es morgen nach dem Unterricht Nachsitzen und ich will einen fünfseitigen Aufsatz über Sexismus an der Schule von dir haben.« Ute brüllte fast.

Eingeschüchtert setzte sich Janett hin und starrte sie mit offenem Mund an.

Sofort fand Ute gefallen an dem süßen Ding. Ihre Titten waren schön groß, im Gegensatz zu ihren eigenen. Während ihrer Schulzeit war das ein Problem für sie gewesen, doch inzwischen hatte sie sich damit arrangiert. Janett war wirklich wahnsinnig hübsch und doch sah sie in den Augen der jungen Frau eine verruchte Verdorbenheit, die sie erregte.

Der erste Tag ging schnell zu Ende. Am Abend saß sie auf ihrem kleinen Balkon und schaute in den Sonnenuntergang. Janett erregte sie noch immer sehr. Was sie alles mit dem süßen Luder anstellen würde, wenn sie könnte … Moment Mal, sie konnte es doch.

Aufgeregt ging sie ins Bett. Am nächsten Tag würde ihre schwierige Schülerin ihre erste Lektion bekommen.

***

In rotem Minirock und ärmellosem T-Shirt trat sie wieder vor ihre Klasse.

Vorschriftsmäßig übergab Janett ihrer Lehrerin den Aufsatz. Zu Utes Erstaunen trug sie eine weite blaue Jeans und eine Bluse, die mindestens eine Konfektionsgröße zu groß war. »Hier ist Ihr Aufsatz.«

»Danke.« Die Macht, die sie hatte, gab ihr ein geiles Gefühl und sie konnte den Unterrichtsschluss gar nicht erwarten. Das erste Mal allein mit Janett. Mal sehen, wie sich die verdorbene Göre schlagen würde.

Doch vorher befragte sie noch die anderen Lehrer ihrer Schülerin. Gut war Janett nicht, allein das Geld ihres Vaters hatte dafür gesorgt, dass sie nicht sitzen blieb. Eine wertvolle Erkenntnis.

Als Ute den Unterrichtssaal betrat, saß Janett bereits auf ihrem Platz. Das heiße Luder trug jetzt ein weißes Stretchkleid.

»Habe ich dir nicht etwas zur Kleiderordnung gesagt?«, fragte Ute.

»Ja. Ich treffe mich gleich mit einigen Jungs. Vielleicht wollen wir noch vögeln.«

Ute traute ihren Ohren nicht und fragte nach: »Habt ihr nach dem Unterricht Ausgang?«

»Ja, wir können in die Stadt gehen.«

»Du stehst jetzt erst mal auf und kommst zu mir. Rücken gerade und Brust raus.«

Einige Sekunden später stand Janett so vor ihr. Ute umrundete ihre Schülerin und stellte fest, dass die junge Frau einen wirklich heißen Körper hatte. Unter dem Kleid trug sie weiße Unterwäsche.

»Schon mal mit einer Frau gebumst?«

»Wie bitte? Dürfen Sie solche Fragen stellen?«

Ute schlug Janett mit dem Zeigestock auf die Schenkel und Janett quiekte. Ein zweiter Schlag folgte.

»Ja, hab ich, war nicht so schön. Hören Sie, wenn Sie Geld wollen, dann zahlt Ihnen mein Vater bestimmt eine größere Summe. Kann ich jetzt gehen?«

»Du willst gehen? Nein, wir sind noch nicht fertig.«

Ute war maßlos geil. Die Macht über das sündige Ding war einfach nur köstlich. Mit dem Zeigestock fuhr sie Janett unter das Kleid und legte ihren String frei. Dann setzte es mehrere harte Schläge auf den jungen Birnenarsch.

»Strings bei jungen Mädchen finde ich scheiße. Ab morgen trägst du ein Höschen.« Ute riss dem jungen Ding das Kleid vom Körper. Erschrocken schaute Janett sie an.

»Rasiert?«

»Ja.«

»Zeigen.«

»Spinnen Sie jetzt total?«

Ute zog die junge Dame an den Haaren: »Wenn du jetzt nicht sofort deinen String ausziehst, wirst du sitzen bleiben. Das Geld von deinem Alten kannst du dir in den Allerwertesten stecken. Und jetzt runter damit.«

Eingeschüchtert tat Janett, was von ihr verlangt wurde. Hellrotes Fleisch kam zum Vorschein. Voller Gier schaute Ute ihr zwischen die Beine. Lange hatte sie ihre Lust auf Frauen vergessen, aber in den letzten Wochen und auch in diesem Augenblick veränderte sich ihr Blickwinkel auf Sex. Es ging ihr nur noch um ihre Lust und ihre Befriedigung.

»Ich will dir unten reinschauen. Beine spreizen und zieh deine Fotzenlappen auseinander.«

Janett seufzte und folgte auch diesem Befehl.

»Ich weiß, es gefällt dir nicht. Der böse Wolf fraß Kreide, damit seine Stimme schöner klang. Du wirst jetzt ein Stück Kreide von der Tafel nehmen, dich breitbeinig auf den Lehrerstuhl setzen und deine Fotze anmalen.«

»Du hast wohl den Arsch offen.«

Wütend packte Ute das süße Ding und drückte sie mit dem Kopf auf einen der vielen Tische, die im Raum standen. Dann drehte sie den Zeigestock um und drückte ihn Janett an die Rosette. »Gefällt es dir besser, wenn ich dir das Ding tief in den Arsch stecke?«

»Nein, ich mach es ja schon.«

»Dann sieh zu.«

Mit angewidertem Gesichtsausdruck holte Janett ein Stück Kreide von der Tafel und setzte sich in den Lehrerstuhl. Wie von Ute verlangt, spreizte sie die Beine und frisierte ihre Pussy.

»Ja, das gefällt mir. So machst du es gut. Ich suche noch eine Hure. Herzlichen Glückwunsch. Dir gehört der Job. Heute Abend kommst du zu mir. Ich will Spaß haben.«

Janett zögerte.

»Du kannst es dir aussuchen. Sitzen bleiben und es deinem Vater erklären oder mit mir Spaß haben und dafür einen guten Abschluss bekommen.«

»Wann soll ich bei Ihnen sein?«

Diese Antwort wollte Ute hören. Inzwischen war sie so was von feucht. Das ganze Spiel war ein Risiko, aber es war geil. Könnte sie ihre aufmüpfige Schülerin erziehen? Es war einen Versuch wert.

Als Erstes würde sie Janett ihre Geilheit auf Jungs austreiben. »Natürlich hast du keinen Ausgang. Ich werde den Wachen am Eingang sagen, dass du nicht gehen darfst. Ich an deiner Stelle würde auch keinen Versuch in dieser Richtung unternehmen. Wenn du auf Schläge stehst, kannst du das Internat natürlich gern verlassen.«

»Du bist eine so dumme Schlampe.«

»Danke für das Kompliment. Wir werden darüber bei mir sprechen, wenn ich es will, und jetzt rasch auf dein Zimmer. Wenn dich jemand fragt, warum du in Unterwäsche rumläufst, dann sagst du, dass du zu fett für das Kleid warst und es gerissen ist. Für deine netten Worte wird der Ausgang für dich auf unbestimmte Zeit gesperrt. Ab sofort bist du ein braves Mädchen oder deine ganz persönliche Fotzenpolizei bestraft dich.«

Janetts Blick war abgrundtief böse. Ute grinste über das ganze Gesicht und freute sich wahnsinnig.

Als sie allein war, zog sie ihr Höschen aus. Es war klitschnass. Das klappte ja besser als gedacht. Sie hatte sich neu erfunden. Was für ein schönes Gefühl! Endlich konnte sie ihre Lust ausleben.

***

Sie brauchte einige Tage, bis sie ihre Kollegen so weit beschnuppert hatte, dass sie wusste, mit wem sie konnte und mit wem nicht. Ben Frankenfeld fiel ihr sofort auf. Jung, gut aussehend und unglaublich attraktiv. Ute hatte sofort das Gefühl, dass er auf reife Frauen stand. Schon an ihrem ersten Tag schaute er sie so richtig schön scharf an.

Sie achtete auf ihre Kleidung, zog enge, sexy Klamotten an. Immer intensiver spürte sie seine Blicke, die auf ihrem Körper klebten. Ihr Kollege war gerade mal sechsundzwanzig Jahre alt und somit über ein Jahrzehnt jünger als sie, doch er war heiß.

Nach ein paar Tagen hatte sie sich schon relativ gut eingelebt und auch ihre Klasse zog mit. Sie galt als streng und das liebte sie.

Eines Tages hing am Schwarzen Brett im Lehrerzimmer ein kleiner Zettel, der eine enorme Wirkung hatte. Das Sommerfest für die Unterstützer des Internats stand an.

»Was ist das für ein Fest?«, fragte Ute ihren jungen Kollegen.

»Das ist das Ereignis für den Direktor. Es gibt einen Förderkreis für das Internat. Meist sind es reiche Eltern von Schülerinnen aus dem Internat, aber auch Eltern von ehemaligen Schülerinnen sind vertreten. Wie du schon gesehen hast, geht es dieses Mal um sechzehn Uhr los. Erst werden Reden gehalten, dann wird gegrillt und der Abend klingt bei Alkohol und Tanz aus. Alle Lehrkräfte müssen da sein und es wird auf elegante Kleidung geachtet. Na ja, du hast damit ja keine Probleme, bei deiner Figur.«

»Alter Charmeur.«

Ute war begeistert. Eine schöne Gelegenheit, ihr neues Ich zu zeigen.

***

Das Fest fand an einem wunderschönen Sommertag statt. Die Sonne schien vom Himmel und es war absolut windstill.

Am Vormittag ließ sie sich die Haare vom Friseur schön voluminös zurechtmachen und trug sie offen.

Doch was sollte sie anziehen? Eher einen Hosenanzug oder doch ein Kleid?

Während sie nackt vor dem Spiegel in ihrem Zimmer stand, betrachtete sie lustvoll ihren Körper. Die Züchtigung von Janett war geil gewesen und sie spürte eine enorme Lust auf mehr. Natürlich kam Ben dafür infrage. Der Gedanke, diesen geilen Bock zu erziehen, war eine große Herausforderung. Hatte sie Lust darauf? Natürlich.

Damit war auch die Frage nach ihrer Kleidung beantwortet. Ute zog ein zinnfarbenes Minikleid an, darunter einen BH mit Spitze.

Was sie untenrum anziehen sollte, war eine ganz schwierige Frage. Ein Höschen? Ein Pantyhöschen? Nichts? Sie fragte sich, worauf Männer wohl mehr standen. Auf Unterwäsche, die man sehen konnte, oder auf Unterwäsche, die nicht da war und die Fantasie der geilen Böcke anregte? Sie entschied sich für ein Pantyhöschen.

Jetzt fehlten noch die Schuhe. Sie entschied sich für hochhackige schwarze Schuhe. Das war zwar der Klassiker, aber egal. Auf eine Strumpfhose verzichtete sie, was ihr ein heißes Gefühl von Freiheit gab.

Total gestylt ging sie zum Sommerfest. Es waren viele elegant gekleidete Frauen und Männer anwesend und doch fiel sie mit ihren roten Haaren auf. Es war geil, die Aufmerksamkeit von Frauen und Männern zu spüren.

»Du siehst verdammt scharf aus.«

Diese Stimme kannte sie, auch wenn sie leise sprach. »Ben, du machst ja komische Witze.«

Sie drehte sich um und war überrascht. Bisher kannte sie ihn nur in lockerer Kleidung, meist trug er Jeans und T-Shirt. An diesem Nachmittag sah er sehr gut aus. Der schwarze Anzug mit Krawatte und weißem Hemd machte ihn noch attraktiver.

»Wir sitzen zusammen.«

»Bist du hart im Schritt?«

Sie war über ihre eigene Frage überrascht, aber die lockere Stimmung, das schöne Ambiente und ihre eigene Lust waren einfach eine geile Mischung.

»Könnte man so sagen. Ich liebe Frauen, bei denen man die Unterwäsche sehen kann.«

Sie antwortete nicht, sondern grinste nur.

Mit einer Glocke wurde der Festakt eingeläutet. Die beiden Lehrer saßen nebeneinander. Seine Blicke lagen auf ihren Schenkeln. Es war geil. Sie reichte ihm ihre Handtasche. Was sie wollte, war klar.

Ohne ihr ins Gesicht zu schauen, legte er die Tasche auf seinen Schoß. Vorsichtig legte sie ihre Hand auf seine Schenkel. In seiner Hose war kein Millimeter mehr Platz. Langsam wanderte ihre Hand zu seinem Schwanz. Als könnte er ihre Gedanken lesen, öffnete er ganz langsam den Reißverschluss seiner Hose. Beide mussten vorsichtig sein. Rechts und links von ihnen saßen Leute, die ihr heißes Spiel jederzeit entdecken konnten.

Ihre zarten Finger glitten in seine Hose. Er trug keine Unterhose. Mit einem süffisanten Blick schaute sie zu ihm rüber. Sein Lächeln sagte alles. Der geile Bock war nackt unter der Hose. Mit der Erfahrung einer reifen Frau zog sie seine Vorhaut zurück und rieb über seine harte Eichel. Er wippte auf seinem Platz hin und her. Nun hatte sie endgültig die Kontrolle über ihn. Seine nasse Lust war groß. Ihre Hände waren schnell feucht.

Plötzlich zog sie sich von ihm zurück. Fragend schaute er sie an.

Sie beugte sich zu im hinüber: »Wenn du mehr willst, dann spielen wir nach meinen Regeln.«

Wütend schaute er sie an.

»Wenn mein süßer Hengst rumbockt, dann kann er seinen Schwanz allein entsaften.«

Macht war etwas Schönes und fühlte sich vor allem in dem kleinen Mikrokosmos Internat geil an. Erst hatte sie ihre Schülerinnen erzogen und nun war ihr Kollege dran.

Doch Ben schien nicht der einzige Kollege zu sein, der einen Blick auf sie geworfen hatte. Ihr Direktor nickte ihr nach seiner Rede sehr intensiv und freundlich zu. Da kam ihr eine weitere süffisante Idee und sie beugte sich wieder zu ihrem Kollegen.

»Schau mal, unser Direktor mag mich auch.«

Ben verzog das Gesicht. Es schien so, als hätte sie ihn endgültig am Haken.

Der festliche Teil endete zügig und man ging zum gemütlichen Teil über. Ute spürte die Blicke vieler männlicher Gäste auf ihrem Körper, was sie sehr erregte. Doch am geilsten waren die Blicke von Ben. Er zog sie bereits mit den Augen aus. Auch wenn sie nicht darauf achtete, spürte sie seine Nähe. Er ließ sie keine Sekunde aus den Augen.

Ihre Lust war kaum noch zu kontrollieren. Die Lust nach Dominanz begann sie zu dominieren. Lasziv zwinkerte sie ihm zu. »Ich gehe jetzt auf mein Zimmer und ziehe mich aus. Dann lege ich mich nackt aufs Bett und streichle mich. Du weißt ja, wie meine Zimmernummer lautet.«

Kurz darauf entfernte sie sich von dem Fest und war gespannt, ob er ihrer Einladung folgen würde.

Als sie die Zimmertür hinter sich schloss, schnaufte sie durch. Ihr Unterleib pochte wie verrückt. Als sie ihr Kleid auszog, war ihr Höschen völlig durchnässt. Kurz ging sie ins Bad, um sich frisch zu machen. Nur in ihrem Höschen stand sie wieder vor dem Spiegel und fühlte sich schön wie nie.

In dem Augenblick klopfte es an ihrer Tür. Ben war da. Fast nackt öffnete sie die Tür. Bens gieriger Blick war köstlich.

»Ja?«

Er schob sie in ihr Zimmer und schloss die Tür hinter sich. »Ich bin geil auf dich.« Er drückte seinen Mund auf ihre Lippen und seine Hände legten sich auf ihren Arsch.

Ute drückte ihn von sich weg. »Nicht so schnell, mein Lieber. Du ziehst dich jetzt erst mal komplett aus. Ich will dich nackt sehen.«

»Ficken wir dann?«, fragte er leicht heiser.

»Wir müssen erst mal schauen, ob du würdig bist, mit mir zu schlafen.«

Er riss sich die Klamotten förmlich vom Leib. Ihre Macht war einfach herrlich. Warum hatte sie ihre Berufung erst so spät entdeckt?

Nackt stand er vor ihr. Sein Riemen war knüppelhart.

Lustvoll stöhnte er auf, als ihre warmen Hände seinen Rüssel berührten. »Mach es mir.«

»Nicht so schnell.« So aufgegeilt hatte sie noch nie einen Mann erlebt. Es war eine Premiere in ihrem Leben.

Seine Hand griff nach ihrem Höschen. Wütend schlug sie seine Hand weg. »Ich entscheide, wann ich gebumst werde.«

Wie ein Schuljunge schaute er zu Boden. Ihre hohen Schuhe klackten bei jedem ihrer Schritte. Breitbeinig stellte sie sich vor ihr Bett.

»Hier meine Regeln. Du machst, was ich dir sage. Gefickt, besamt oder die Palme geschüttelt wird nur, wenn ich es will. Wenn du das akzeptierst, dann können wir Spaß haben, wenn nicht, dann gehst du jetzt.«

Er schaute sie wütend an. Wie ein wildes Tier, das bei einer Zirkusnummer gegen seinen Willen Kunststücke veranstaltet, knurrte er leise.

»Wichs dich.« Ute legte sich auf ihr Bett, ihre hohen Schuhe behielt sie an. Die heißen Treter gaben ihr einen zusätzlichen Lustimpuls.

Ben begann, an seinem Pimmel zu spielen. Es dauerte vielleicht eine Minute, bis seine Lust über seine Finger auf den Boden tropfte.

»Du bist ja ganz schön geil. Erzähl mal, was du alles mit mir machen würdest?«

»Gern fick ich Frauen von hinten. Es ist geil, die heißen Stuten an den Haaren zu ziehen, wenn ich sie bumse. Besonders schön ist es, wenn ich sie anal rannehme. Viele wollen es nicht, aber wenn sie erst mal in Fahrt sind, dann machen die süßen Dinger ziemlich viel mit.«

Ute spreizte die Beine, soweit sie konnte, und streichelte über ihr Höschen, das inzwischen gespannt über ihrer Perle lag. »Bumst du die Schlampen hier im Internat? Du hast einen ganz schönen Schlag bei den Mädels. Beliebt bist du ja.«

»Nur wenn ich besonders großen Druck habe.«

»Und dann in den Arsch?«

»Gern, die jungen Dinger wollen ja nicht schwanger werden, also pump ich sie hinten voll.«

Seine offenen und schmutzigen Worte geilten sie weiter auf. »Komm zu mir.« Sie winkte ihn mit dem Zeigefinger zu sich.

Ein breites Grinsen legte sich auf sein Gesicht. Er kniete sich vor ihr aufs Bett.

Doch als er sich auf sie legen wollte, legte sie ihre Hand auf seine Brust. »Nicht so schnell. Wichs auf mein Höschen.«

»Das ist doch scheiße.«

»Dann kannst du gehen. Wichs dich langsam. Ich will deinen pulsierenden Schwanz sehen.«

Ben berührte sich weiter intim und zwar ganz langsam. Die Macht, zu entscheiden, wann Ben kam, war ein Traum und berauschte sie.

Mehrere Minuten tat er, was sie wollte. Immer feuchter wurde sein Rüssel. Bald würde er kommen. Schweiß bildete sich auf seinem Oberkörper.

Im letzten Augenblick fasste sie an seinen Arm und führte seine Finger von seinem harten Schwanz weg. »Du steckst ihn mir jetzt rein und bewegst dich nicht.«

Leise seufzte er. Verführerisch zog sie sich das Höschen aus und warf es in eine Ecke des Zimmers. Ben setzte seinen Riemen an ihrer Spalte an. Sie griff nach seinem Stab und drückte seine Eichel in ihren Honigtopf. Er stöhnte laut.

»Jetzt mach es mir.« Sie gab ihm freie Hand, aber nur weil sie vor Geilheit brannte. Er legte sich auf sie und küsste sie auf den Mund. Seine Zunge schmeckte gut und so gaben sie sich ihrer Lust hin. Tief steckte er in ihr und begann sie zu nehmen. Es fühlte sich fantastisch an. Erst die geile Züchtigung von Janett und nun hatte sie auch ihren ersten Lustboy. Mit harten Stößen penetrierte er sie und stöhnte laut wie ein Walross. So geil hatte sie noch nie einen Typen erlebt. Ben ging total steil. Hart fickte er sie.

»Spritz mich voll.« Mit diesen Worten fachte sie seine Lust weiter an. Nun legte sie ihre Beine um seine Hüften und klammerte sich an seinen Leib. So spürte sie seinen Pinsel noch intensiver.

Ben bockte wie ein Pferd und ergoss sich in ihrer reifen Spalte. Sein Samen knallte gegen ihre Gebärmutter. Eine Kugel der Lust explodierte in den buntesten Farben in ihrem Körper. Es war wunderschön. Der Höhepunkt der Befriedigung schüttelte ihren Leib.

Bald lagen sie gemeinsam auf ihrem Bett.

»Wenn du mich weiter bumsen willst, dann gewöhnst du dich an meine Dominanz. Wenn du brav bist, dann darfst du Janett vielleicht in den Arsch bumsen.«

Die Sexoffenbarung SM

Trixi Schaun war gerade auf dem Weg zur Redaktion, als eine große schwarze Limousine ihren Weg kreuzte. Mit ihrem Fahrrad stand sie an einer Kreuzung und wartete darauf, die Straße zu überqueren. Es kam zwar nicht oft vor, aber gelegentlich fuhren große schwere Luxuswagen durch die Kleinstadt mit ihren etwa zwanzigtausend Einwohnern.

Hier ging es beschaulich zu. Zahlreiche Einwohner lebten seit der Geburt in der Stadt. Trixi liebte diesen ruhigen und übersichtlichen Ort. Viele ihrer Klassenkameraden waren nach der Schule in andere Städte gezogen. Sie aber war geblieben, um eine Ausbildung zur Redakteurin bei der kleinen Regionalzeitungsredaktion Merkur zu beginnen. Diese hatte sie vor einigen Wochen erfolgreich beendet.

Der schwarze Wagen erinnerte sie an eine Geschichte, die sie vor mehreren Jahren gehört hatte und die in der kleinen Stadt höchst umstritten war. Sie war ein Grund gewesen, eine Ausbildung im Bereich Journalismus zu beginnen.

Die Ampel sprang auf Grün und sie fuhr weiter. Bald erreichte sie die Redaktion. Nachdem sie ihr Fahrrad abgeschlossen hatte, betrat sie das Gebäude, in dem die Zeitung untergebracht war. Etwa zwanzig Menschen wuselten in dem Großraumbüro herum. Neugierig schaute sie in ihr Postfach. Wie immer war es leer. Sie seufzte leise. Nach der Ausbildung war kein sozialversicherungspflichtiger Arbeitsplatz für sie frei gewesen, daher hatte Harald Bäumler, der Redaktionsleiter, ihr einen Honorarvertrag als freie Journalistin angeboten. Im ersten Augenblick war sie begeistert gewesen und hatte den Vertrag unterschrieben. Doch schon bald erlebte sie den grauen oder eher eintönigen Alltag. Es gab keinen festen Bereich, dem sie zugeordnet war. Meist wurde sie als Urlaubsvertretung eingesetzt. Zwar kam sie dabei weit herum und berichtete mal über ein Jubiläum und mal über den Bau eines neuen Gebäudes, aber der Job füllte sie nicht aus. Sie war jetzt einundzwanzig Jahre alt und stand mitten im Leben. Zum Glück arbeitete sie auch als Aushilfe im Blumenladen ihrer Eltern. So kam sie zwar über die Runden, aber reich wurde sie mit ihren Jobs nicht.

»Na, Trixi. Was geht?«, fragte ihr Chefredakteur.

»Harald, hast du mal bitte eine Minute?«, fragte sie.

»Klar, komm mit in mein Büro.«

Sie folgte dem etwas untersetzten Mann Ende fünfzig und schloss die Tür hinter sich.

»Ich habe heute wieder eine dieser schwarzen Limousinen gesehen, die immer mal wieder durch die Stadt fahren. Ich kann mir vorstellen, wo das Fahrzeug hinfuhr. Sankt Markus.« Sie drehte sich zu ihm um und schaute ihren Chef an.

Harald nahm seine Brille ab und legte sie auf seinen Schreibtisch. Das tat er immer, wenn es schwierig wurde. »Was willst du mir sagen?«, fragte er.

»Du kennst die alten Geschichten um das Internat.«

»Trixi. Die Gerüchte sind uralt. Es gab nie Zeugen und auch nie belastbares Material.«

»Ich fühle aber, dass es in dem Internat ein Geheimnis gibt. Die dunklen Fahrzeuge, die immer zu bestimmten Jahreszeiten zum Schloss fahren. Nie haben wir ein Mädchen aus dem Internat gesehen. Wir wissen nicht, was da drin passiert.«

»Wir haben damals alles durchleuchtet. Die Geschichten um harten Sex und schmutzige Spiele sind so alt wie ich. Wir haben Anfragen gestellt, die alle beantwortet wurden. Ich war selbst in dem Internat. Es war alles in Ordnung. Selbst das Innenministerium war damals vor Ort. Ich habe persönlich den Untersuchungsbericht gelesen. Es gab nichts zu beanstanden.«

»Warum leben die dann so versteckt?«

»Ich weiß es nicht und es ist mir auch egal.« Er griff nach seiner Brille und setzte sie auf. Wenn Harald das tat, dann war allen klar, dass für ihn das Thema durch war.

Trixi stürmte wütend aus seinem Büro.

»Hallo, mein Schatz.« Vor dem Büro ihres Chefs empfing sie ihr Freund Kevin. Seit zwei Jahren waren sie ein Paar, kannten sich aber schon seit dem Sandkasten. Inzwischen lebten sie in einer kleinen Wohnung zusammen. Ihr Freund arbeitete als Möbelspediteur. Auch das war kein Traumjob, aber er verdiente sein Geld und so konnten sie sich die Zweizimmerwohnung leisten.

»Was machst du denn hier?«

»Ich wollte meinem Schatz ein leckeres Schokocroissant bringen.«

»Du bist ja lieb, aber ich muss jetzt arbeiten.«

»Natürlich, mein Schatz.«

Trixi hatte ein Ziel. Sie wollte ins Archiv und sich die alten Unterlagen über das Internat ansehen. Zum Glück war die Technik auch in der Kleinstadt angekommen und so hatten die Aushilfen den Auftrag, alle Unterlagen und Ausgaben der Zeitung digital zu archivieren.

Das Thema frivole Sexspiele beschäftigte sie schon lange. Manchmal spielte sie mit ihrem Freund »unartiges Mädchen«. Was sich dann im Schlafzimmer des jungen Paares abspielte, war klar.

Die nächsten Stunden verbrachte sie im Keller des zweistöckigen Gebäudes. Sankt Markus war kein Ort, sondern ein Berg, der etwas außerhalb der Stadt lag. Die gleichnamige Burg war im frühen Mittelalter als Bollwerk für verschiedene Ritterorden errichtet worden. Später nutzte die Inquisition die Burg als Gerichtsort für Hexenprozesse, bevor sie zu Beginn des zwanzigsten Jahrhunderts zur Ausbildung von Offizieren Verwendung fand. Im Ersten Weltkrieg war die Burg bei einem Angriff teilweise zerstört, dann aber wieder aufgebaut worden. Trixi fiel auf, dass die Burg schon immer mit negativen Gefühlen behaftet gewesen war. Im Zweiten Weltkrieg wurde der Ort als Ordensburg genutzt, später als Lazarett, anschließend als Sanatorium. Seit den Siebzigerjahren war das Internat dort beheimatet.

Als die Journalistin wieder die Redaktionsräume betrat, war es schon lange dunkel. Doch ihr Gespür sagte ihr, dass an der Sache etwas dran war. Nach Hause wollte sie nicht, dafür war sie viel zu aufgeregt. Stattdessen bemühte sie das Netz, um an weitere Informationen zu kommen.

Längere Zeit gab sie verschiedene Suchbegriffe ein. Es gab keine Treffer, das Sankt-Markus-Internat gab es gar nicht. Keine Internetseite, keine Anschrift, absolut nichts.

Als sie irgendwann mal wieder auf die Uhr schaute, staunte sie nicht schlecht. Es war kurz vor vier Uhr in der Früh. Jetzt musste sie aber nach Hause. In zwei Stunden sollte sie ihren Eltern helfen. Blumen hielten sich nicht an bestimmte Zeiten. Wenn der Großhändler da war, dann war er da.

Mit dem Fahrrad fuhr sie nach Hause. Leise schloss sie die Tür auf.

»Schatz?«

Sie grinste. Es war wie immer. Wenn sie nicht da war, dann schlief Kevin nicht ein. Sie zog sich die Schuhe aus und ging zu ihrem Freund. »Bist du etwa wach geblieben?«

»Natürlich. Ich muss doch wissen, ob es dir gut geht.«

»Du bist süß. Was weißt du über das Mädcheninternat Sankt Markus?«

»Nicht viel. Nach meinem Stand leben die wie Geister. Ich weiß ja, worauf du hinauswillst. Ich glaube, jeder hat schon mal von den sündigen Storys gehört, die sich in den Mauern abspielen sollen. Damals ging es wie ein Lauffeuer durch die Stadt, aber mehr als Gerüchte gab es nicht. Fahr hin und schau es dir doch an. Vorher können wir aber noch üben, was dort so getrieben wird. Ich bestrafe gern mein Mädchen.« Er grinste sie an.

Trixi konnte sich schon denken, woran Geiles er dachte. Bestimmt war sein Schwanz hart, doch sie hatte eine Story gewittert. »Es ist doch total komisch. Es gibt nichts über das Internat. Die haben keinen Internetauftritt, keinen Ansprechpartner und schon gar keine Adresse. Wenn wir nicht wüssten, dass es das Internat gibt, dann würde es keiner mitbekommen. Wie machen die Werbung? Wer arbeitet da?«

»Schatz, wenn du es genau wissen willst, dann lass dich doch einschleusen. Ich habe vor zwei Jahren mal ein junges Mädchen mit dem Auto mitgenommen. Die wollte ins Internat. Ich habe sie gefragt, wie sie denn mit dem Internat auf der Burg kommuniziert. Sie hat erzählt, dass sie eine schriftliche Bewerbung geschickt hat und dann angerufen wurde. Ansonsten wurde über E-Mail kommuniziert.«

»Die nehmen doch keine Einheimische.«

»Dann sei kreativ. Leg dir eine zweite Identität zu. Trixi von Buchenbaum wäre doch ein passender Name. Wenn ich noch ergänzen darf: Du gehst noch klar als Achtzehnjährige durch.«

Kevin schaute ihr gierig auf die Titten, doch Trixi hatte jetzt überhaupt keine Lust mehr auf Sex. Ihr Freund hatte ihr einen Floh ins Ohr gesetzt. Warum war sie nicht selbst auf die Idee gekommen? Wenn an der geilen Story was dran sein sollte, dann wäre es die Story ihres Lebens. Was für ein Gedanke!

»Schatz, ich muss jetzt meinen Eltern helfen und dann schlafen. Wir sehen uns heute Abend.«

***

Kurz hatte sie überlegt, eine schriftliche Anfrage an das Internat zu stellen, aber was würde das bringen? Ihr Chef wäre mit Sicherheit nicht begeistert, wenn sie im Namen seiner Redaktion eine Anfrage stellte.

Vier Tage bastelte sie an einer neuen Identität. Nach reiflicher Überlegung folgte sie dem Rat ihres Freundes und nannte sich Trixi von Buchenbaum. Ein fingierter Lebenslauf, vorgetäuschte reiche Eltern und als Anschrift die ihrer Freundin Marion in einer etwas entfernteren Großstadt.

Alles war vorbereitet, aber einen Versuch unternahm sie noch, bevor sie in die Rolle der achtzehnjährigen Trixi von Buchenbaum schlüpfte. Es gab eine neunzigjährige Heimbewohnerin, über die Trixi schon mal berichtet hatte – Irmgard Fels. Die alte Dame hatte anlässlich eines Interviews zu ihrem runden Geburtstag erzählt, dass sie ihr ganzes Leben in der Kleinstadt verbracht hatte. Wenn also jemand etwas wusste, dann sie.

So machte sie sich mit dem Fahrrad auf den Weg ins Altersheim. Wie schon bei ihrer ersten Begegnung saß die alte Dame an einem großen Fenster und schaute auf den kleinen Teich, der im Hof der Seniorenanlage kleinen Tieren eine Heimat bot.

»Guten Tag, Frau Fels.«

»Ah, Trixi. Sie kommen mich besuchen, das ist ja eine Freude. Bitte, setzen Sie sich.«

Die alte Dame war geistig noch fit, darauf hatte Trixi gebaut. Sie setzte sich zu ihr.

»Warum ich hier bin: Sie kennen hier doch jeden Stein. Was können Sie mir zum Mädcheninternat Sankt Markus sagen?«

Irmgard Fels verzog das Gesicht: »Es ist ein Ort der Lust. Mehr möchte und kann ich nicht sagen.«

»Was meinen sie mit Ort der Lust?«, fragte Trixi nach.

Die alte Frau starrte aus dem Fenster, ohne auf die Frage zu antworten. Mehrfach stellte die Journalistin die gleiche Frage und doch bekam sie keine Antwort. Schließlich verabschiedete sie sich ratlos und fuhr mit dem Rad in die Redaktion. *Ort der Lust* könnte alles bedeuten, auch wenn alles in eine ganz bestimmte Richtung zeigte, die Trixi ziemlich gefiel. Hoffentlich würde sie auf eine schmutzige Story stoßen.

Stoßen war das richtige Wort. Seit fünf Tagen hatte sie keinen Sex mehr gehabt und das war scheiße. Ihre Kirsche beschwerte sich schon. Es wurde Zeit für eine heiße Nummer. Doch der Job ging dieses Mal vor.

In der Redaktion rannte sie förmlich in das Büro ihres Chefs und schloss die Tür.

Harald Bäumler saß an seinem Schreibtisch und rauchte eine Zigarre.

»Chef, ich muss vielleicht für einige Tage Urlaub nehmen. Was wissen Sie über den ›Ort der Lust‹?«

Ihr Boss bekam einen Hustenanfall und verschluckte sich fast. Sein Gesicht war knallrot. »Was ist das für eine Frage? Nichts. Wie kommst du auf diesen Namen?«

Ihr Spürsinn verriet ihr, dass sie lieber nicht weiterfragen sollte. »Nichts, ich bin dann mal weg.«

***

Am nächsten Tag fuhr sie mit dem Zug in die Großstadt und warf den Brief bei der Post ein. Ihre Tarnung sollte nicht an einem falschen Poststempel scheitern.

Die Tage vergingen. Eine Woche war vorbei und die zweite

auch schon bald. Es rührte sich nichts, außer ihrer Fantasie, die immer heißere Träume produzierte. Schon wenn sie an das Schloss dachte, wurde sie feucht.

Endlich, nach drei Wochen, rief ihre Freundin sie an. Sofort fuhr sie zu ihr und nahm den Brief an sich. Es wurde ihr mitgeteilt, man habe ihre Daten geprüft und freue sich auf sie. Sie sollte am Bahnhof abgeholt werden. Als sie auf das Datum schaute, wann der Zug in ihrer Heimatstadt ankommen sollte, erschrak sie. Das war bereits in zwei Tagen. Es wurde knapp.

Sie weihte ihren Freund ein, der alles andere als begeistert war, aber er trug die Entscheidung mit. Bald packte sie ihre Sachen und übernachtete die letzte Nacht vor ihrer fingierten Anreise bei ihrer Freundin in der Großstadt.

Am Abend stand sie nackt in Marions Badezimmer und betrachtete ihren Körper. Heiß war sie. Wohlgeformte Brüste, eine rasierte Spalte und ein schöner Mund. Doch an den Hüften war sie zu fett.

»Trixi, was machst du da?«, fragte ihre Freundin.

»Na ja, ich gehe in einen Undercover-Einsatz und da muss ich heiß aussehen.«

»Bitte, schau dich doch mal an. Dein Körper ist ja wohl mega und erst deine tollen glatten Haare. Du wirst sofort auffallen.«

»Wenn du meinst.«

***

Am nächsten Morgen ging es mit dem Zug zurück nach Hause oder besser gesagt ins Internat. Mit einem flauen Gefühl stieg sie aus dem Zug aus.

Ein groß gewachsener Mann mit schwarzem Anzug und Sonnenbrille wartete auf dem Bahnsteig und ging auf sie zu. »Frau von Buchenbaum! Herzlich willkommen. Erlauben Sie mir, dass ich Ihre Koffer nehme?«

Der Kerl war ein Schrank, bestimmt zwei Meter groß und extrem muskulös. Trixi wurde ganz kribbelig im Bauch. Müsste sie mit dem Kerl schlafen? Heiß war er und sie geil. Ideale Voraussetzungen für geilen Sex. Ein breites Grinsen legte sich auf ihr Gesicht.

Der Mann führte sie zu einer schwarzen Limousine, so weit war sie schon mal. Mit einem Ruck fuhr der Wagen an, dann ging es mit der höchstmöglichen Geschwindigkeit zum Internat.

Ein elektronisches Zufahrtstor schloss sich hinter dem Fahrzeug.

Vor einer großen Eingangstür stand ein gut aussehender Mann mit kurzen gelockten schwarzen Haaren. Auch er trug einen Anzug und öffnete ihr die Tür. »Herzlich willkommen bei uns. Wir freuen uns sehr, dass Sie den Weg in unser Internat gefunden haben. Hier werden Sie die beste Ausbildung erfahren, die sich Ihr zukünftiger Ehemann nur wünschen kann.«

Bei den Worten staunte Trixi nicht schlecht. Was meinte er damit? »Ja, ich freue mich auch.«

»Kommen Sie herein. Wir müssen noch einige Formalitäten klären.«

Die junge Frau wurde in ein Besprechungszimmer geführt. Auf einem roten Tisch, der in der Optik eines Kussmundes gestaltet war, lagen einige Zettel und ein Stift.

»Entschuldigen Sie bitte, aber der Tisch soll zur Belustigung unserer Gäste dienen. Nehmen Sie bitte Platz und füllen den Bogen aus. Eine Bitte von mir, damit wir Ihre Stärken erkennen und an Ihren Schwächen arbeiten können: Beantworten Sie die Fragen bitte so genau wie möglich. Machen Sie sich keine Gedanken, Ihre Eltern erfahren von dem Bogen nichts. Lassen Sie sich Zeit.«

Ihr Gesprächspartner verließ den Raum. Neugierig las sie die Fragen durch. Sie waren Sünde pur. Wie oft hatten Sie schon Verkehr? Wie viele Sexpartner hatten Sie bisher? Mögen Sie oralen Verkehr? Wie würden Sie Ihre Erfahrungen vaginal einschätzen?

Es waren über einhundertsechzig Fragen, für deren Beantwortung sie etwas mehr als eine Stunde brauchte. Gerade als Sie das letzte Kreuz gemacht hatte, ging die Tür auf und ihr Gesprächspartner kam zurück.

»Ich habe mich gar nicht vorgestellt. Mein Name ist Armin von Darstall. Ich leite das Internat. Der Fragebogen wird ausgewertet und dann wird Ihr individueller Stundenplan erstellt. Für heute Nacht haben wir Ihnen bereits eine Zimmergenossin zugeteilt. Doch vorher wollen wir uns ein besseres Bild von Ihnen verschaffen.«

Er schnippte mit den Fingern und eine ganze Reihe von Leuten kam herein. Zwei Frauen und drei Männer sowie ein nackter schwarzer Mann, der höchstens neunzehn Jahre alt war.

»Sie werden jetzt mit unserer Testperson Sex haben, vor unseren Augen. Es ist alles erlaubt. Und jetzt ziehen Sie sich aus.«

Was war das für eine Aufforderung? Sex vor Publikum? Sie schaute auf das Ding des nackten Mannes. Es war riesig. Es war ihr unangenehm und doch verspürte sie eine gewaltige verbotene Lust in sich. Einmal hatte sie während einer Klassenfahrt mit einem schwarzen Hengst Sex gehabt. Boah, war die Latte des Kerls hart gewesen! Drei Tage hatte ihr alles wehgetan. Der Kerl hatte sie einfach weggebumst.

Die fünf Zuschauer und der schmierige Direktor geilten sie ebenfalls auf. Schmutzig war die Forderung und doch gefiel es ihr. Ganz langsam begann sie sich auszuziehen. Alle Augen waren auf sie gerichtet, was sich gut anfühlte. Lasziv öffnete sie die Knöpfe ihrer Bluse und zeigte ihrem Stecher einen weißen BH mit Spitze. Als Nächstes fiel ihr langer blauer Rock, unter dem ein weißer String zum Vorschein kam. Die Eichel ihres Liebhabers begann bereits zu glänzen. Heiß streichelte sie sich selbst und schon flogen BH und gleich darauf der String in die Ecke.

Grinsend kniete sie sich vor den großen Kerl und wichste sein Rohr. Ihr Freund drehte immer durch, wenn sie es ihm mit der Hand machte. Hier war es nicht anders. Der einzige Unterschied war die Länge des Rohrs. Was sie gerade in der Hand hielt, war bestimmt dreißig Zentimeter lang und hatte einen gewaltigen Durchmesser. Mit den Fingerspitzen strich sie über die Länge seines Rohrs, was ihn laut seufzen ließ.

»Gefällt dir das? Willst du mich bumsen? Mir deinen Samen einpflanzen?« Sie liebte diese schmutzigen Fragen.

Die Zuschauer machten sich fleißig Notizen. Es war schon sehr erregend zu wissen, dass man oder besser gesagt Frau benotet wird. Trixi strengte sich noch mehr an.

Nun beugte sie sich etwas vor, ihre geilen Hupen näherten sich seiner Brust. »Fass mich unten an. Willst du wissen, ob ich feucht bin?«

Sie warf ihm einen heißen Luftkuss zu. Wie war sein Name? Sie wusste es nicht und genau das erregte sie weiter. Seine Finger griffen nach ihrer Pflaume. Die Fingerspitzen des heißen Hengstes streichelten sie zärtlich. Der Kerl hatte Erfahrung. Vielleicht war er ja der Cheftester. Mit wie vielen Frauen er wohl schon im Bett gewesen war? Bestimmt war sie nur eine durchlaufende Nummer. Schon einige Male hatte sie von hemmungslosem Sex mit einem Unbekannten geträumt. Tabulose Berührungen, innige Küsse und das alles ohne Verpflichtungen. Ein Traum. Seine Hände spielten an ihrer intimsten Öffnung und sie wurde immer nasser.

Oral wollte sie es ihm nicht machen. »Nimm mich doggy.« Sie beugte sich über den Tisch und wackelte mit dem Arsch.

Sofort berührte sein hartes Rohr ihre fleischigen Backen. Von hinten griff er ihr an die Titten, stimulierte mit kreisenden Bewegungen ihre Nippel. Er war wirklich vorsichtig und sinnlich. Auch hier spürte sie seine Erfahrung.

Ihre Lust wurde immer größer. Spitz schrie sie auf, als ihr sein dicker Speer unten reingeschoben wurde. »Du bist gigantisch. Fick deine Schülerin.« Wenn sie gevögelt wurde, nahm sie gern derbe Worte in den Mund.

Die Zuschauer umrundeten das Paar. Sie fühlte sie so was von schmutzig und strengte sich wesentlich mehr an als bei ihrem Freund. Die Anwesenheit von völlig fremden Frauen und Männern gab ihr einen zusätzlichen Kick.

»Mach es mir. Besorg es deiner weißen Schlampe.«

Der schwarze Stecher bewegte sich schneller in ihr. Sein Atem ging stoßartig. Nun fasste sie zwischen ihre Beine nach hinten und begann, seine Bälle zu kneten.

»Du geile Sau.« Es waren die ersten Worte, die sie aus seinem Munde hörte, und es geilte sie weiter auf. Weiter und noch intensiver nahm er sie. Trixi wurde unten komplett ausgefüllt, ihre süße Perle schmerzte ein wenig.

Es war kurz und intensiv. Für Sekunden spürte sie den Höhepunkt auf sich zukommen und schon kam sie. Dann ein Blitz – ein harter Schlag traf sie genau im richtigen Augenblick auf den Hintern.

»Ja, schlag, mich. Ich bin maßlos ungezogen gewesen.« Sie hechelte wie ein Hund im Hochsommer. Der Höhepunkt war ein Traum. Die perfekte Mischung, um ihre Lust zu stillen. Sechs Zuschauer, ein potenter Kerl und ihre eigene Lust schenkten ihr einen Orgasmus, den sie so schnell nicht vergessen würde.

Doch ihr Lover war noch nicht fertig. Er spielte mit den Händen an ihren schönen Schamlippen, zwickte hinein. Sie schnaufte laut und schon kam der schwarze Stecher in ihr. Es war die erste Ladung Sperma seit zwei Wochen und es war herrlich. Eine Frau wollte regelmäßig geschmiert werden, damit sie wie eine gut geölte Maschine funktionierte, und bei Trixi war es allerhöchste Eisenbahn.

Der pulsierende Schwanz wurde aus ihr herausgezogen.

»Ja, da haben wir uns jetzt ein sehr interessantes Bild von Ihnen gemacht. Die Stundenpläne für den Vormittag sind für alle Mädchen gleich. Der intime Unterricht findet nach der Mittagspause in einem extra eingerichteten Trakt des Internats statt. Alle Mädchen sind völlig nackt. Alles Weitere wird Ihnen von unseren Paten erläutert. Jedes Mädchen bekommt eine erfahrene Schülerin zur Seite gestellt. Hier lernen unsere Frauen mehr fürs Leben als in jedem anderen Internat. Vor allem, wie sie willige Stuten werden.«

Trixi traute ihren Ohren nicht. Das konnte doch nicht sein. Ihr erster Gedanke bei den sündigen Worten war heftig. Hatte sie sich in ein Fickinternat eingeschleust?

»Sie teilen sich das Zimmer mit Xantippe – ein tolles Mädchen«, erklärte der Direktor weiter.

Trixi zog sich an und wurde dann auf ihr Zimmer gebracht. Auf den ersten Blick war es ein ganz normaler Schulbetrieb. Die Mädchen trugen Straßenklamotten, es wurde gelacht und die Stimmung war völlig normal. Hatte sie eben wirklich Sex gehabt? Nichts war in diesem Augenblick von dem »Ort der Lust zu« erkennen.

Als sie die Tür zu ihrem Zimmer öffnete, sah sie zum ersten Mal ihre Patin. Puh, das Mädchen war gigantisch schön und total attraktiv. Brünette abgestufte Haare, tolle weiße Zähne und eine Hammerfigur machten die Frau maßlos sexy.

»Ah, da bist du ja. Ich bin Xantippe.«

»Trixi.«

»Weiß ich. Ich habe ein Bild von dir gesehen. Wollen wir zusammen deine Sachen auspacken?«

»Gern.«

Trixi war sich unsicher, ob sie direkt zur Sache kommen sollte. Nein, sie hatte Zeit. So machten sich die beiden Frauen daran, ihren Koffer auszupacken.

»Wie lange bist du schon da?«, fragte Trixi.

»Ein Jahr, inzwischen bin ich in den schwarzen Kreis aufgenommen worden.«

»Schwarzer Kreis?«, fragte die neue Schülerin.

»Ja, ich habe im gelben Kreis angefangen. Du wurdest bestimmt heute auch schon gebumst. Deine Ergebnisse müssten bald vorliegen.«

»Warum machst du das?«

»Weil ich eine willige Stute sein werde, wenn ich meinen Mann heirate. Er soll glücklich und zufrieden mit mir sein. Ich komme aus Österreich. Du wirst feststellen, dass hier viele Mädchen aus ganz verschiedenen Ländern kommen. Du kannst dich hocharbeiten. Wenn du gut bist, dann steigst du langsam auf und kommst in immer höhere Kreise. Je höher du kommst, umso mehr Privilegien hast du. Die Noten in den Sexfächern zählen doppelt. Noch schneller kannst du dich hocharbeiten, wenn du die Sonderkurse SM oder Lesbensex belegst.«

Die Tür wurde geöffnet und Trixi bekam von einer Hausangestellten, die eine weiße Bluse und einen langen schwarzen Rock trug, einen Zettel ausgehändigt. Die junge Frau machte einen Knicks und verließ das Zimmer. Trixi schaute ihre Zimmerkollegin an.

»Lass mal sehen.« Xantippe nahm ihr den Zettel aus der Hand und überflog die Zeilen. »Ah, ziemlich gut. Du beginnst im roten Kreis. Die Zuordnung ist für den Anfang sehr gut. Hast wohl schon kräftig geübt? Dein Sexplan sieht auch gut aus. Hier.«

Trixi konnte gar nicht glauben, wie offen im Internat über Sex geredet und wie er offenbar auch praktiziert wurde. Nun schaute sie sich den Zettel selbst an. Gleich am nächsten Morgen stand Lesbensex auf dem Stundenplan. Schon lang träumte sie davon, es mit einer Frau zu machen. Nun war es vielleicht so weit.

Der Abend verlief ruhig. Was auch gut war, denn Trixi war ziemlich aufgewühlt. Der Sex war heiß gewesen und diese hemmungslose Offenheit schreckte sie einerseits ab, erregte sie aber auch.

***

Als sie am nächsten Morgen aufwachte, war sie sich immer noch nicht sicher, ob sie nicht geträumt hatte.

Xantippe kam gerade aus dem Bad und schnappte sich ihre Lehrbücher. »Wir sehen uns dann heute Mittag. Um dreizehn Uhr geht der Sexunterricht los. Du gehst in die Turnhalle und ziehst dich einfach aus. Eine Geheimtür steht offen, dahinter verbirgt sich der Sextrakt. Ich bin auch da, vielleicht warte ich auf dich. Bis später.«

Trixi rieb sich die Augen und stellte fest, dass sie nicht geträumt hatte. Sie zog sich an und erlebte einen ganz normalen Vormittag in einem ganz normalen Internat. Doch sie war neugierig und spürte eine gigantische Lust in sich. Ihre Perle war bereit und sie auch. Sie war von Lust getrieben, hatte aber so viele Fragen.

Mit einem leicht flauen Gefühl ging sie mittags in die Turnhalle und zog sich aus. Tatsächlich stand eine Geheimtür auf. Nackt ging sie hindurch und kam in einer anderen Welt an. Alle Mädchen waren wirklich komplett nackt. Erst jetzt fiel der hübschen Journalistin auf, dass die Mädels durchgehend hübsch, schlank und attraktiv waren. Ihr kamen zwei junge Mädchen entgegen, die untenrum offenstanden und aus deren Muschis Sperma tropfte. Sie unterhielten sich ganz normal über den neuesten Klatsch in der Welt der Reichen und Schönen. Als sie eine Treppe hinaufgingen, konnte Trixi den Frauen unten reinschauen. Der Anblick der zwei heißen Schülerinnen erregte sie sehr.

Die Räume waren mit unterschiedlichen Themen gut ausgeschildert. Vor einer schlichten, offenstehenden Holztür blieb sie stehen. Darüber hing ein großes Schild »Lesbensex« und zeigte ihr an, dass sie richtig war. In der Mitte des Raumes war eine rote runde Bühne aufgebaut, um die herum Stühle und Tische standen.

Xantippe winkte ihr zu. Es war unglaublich erregend, so viele hübsche Frauen zu sehen. Mit Sicherheit waren mehr als fünfzehn heiße Stuten in dem Raum versammelt.

»Ich habe gestern noch für Mathe gelernt, das klappt gar nicht. Wenn ich hier nicht eine Zwei bekomme, dann komme ich nie weiter.« Diese Worte einer ihr unbekannten Schülerin trafen ihr Ohr wie kleine Hagelkörner, die leicht auf der Haut pikten. Ihre Lust war nicht mehr zu verbergen. Wie auch? Als sie sich im Raum umschaute, zählte sie mindestens sechs feuchte Mösen.

»Da bist du ja.«

»Ja, ich bin etwas aufgeregt.«

»Musst du nicht, Trixi. Es wird schön.«

Hoffentlich hatte Xantippe recht. Eine Schulglocke läutete den Unterrichtsbeginn ein. Eine wunderschöne Frau von vielleicht Ende zwanzig betrat die rote Bühne. Sie war wie ihre Schülerinnen komplett nackt. Ihr Körper war ein Traum. Volle Brüste, schlanke Beine, ein heißer Arsch und ein Gesicht, das man einfach als wunderschön beschreiben musste. Große ovale Augen, eine schmale Nase, volle Lippen und volles gesundes blondes Haar.

»Tag, meine sündigen Schülerinnen. Wir haben uns hier zu heißem Unterricht getroffen. Wir beschäftigen uns mit Lesbensex. Fast neunzig Prozent aller Männer stehen darauf, wenn ihre Frauen die gleichgeschlechtliche Liebe mögen und ausüben. Ich hatte euch ja in Zweiergruppen eingeteilt. Ihr solltet euren Sex miteinander aufnehmen und mir die Videos schicken. Gleich werden wir uns die Filme anschauen, doch zuvor möchte ich euch eine neue Schülerin vorstellen. Trixi, stehst du mal bitte auf?«

Schamesröte stand der Angesprochenen im Gesicht, als ihr Name fiel. Es war wirklich ein ganz normaler Unterricht, nur dass es um Sex ging.

Die heiße Frau kam auf sie zu. »Ich bin Dana. Schon mal Sex mit einer Frau gehabt?«

»Nein, aber ich habe Lust.« Trixi hatte nicht nur Lust, sie war geil und das total. Heiß kribbelte ihr Leib. Die vielen heißen Schülerinnen waren einfach nur ein Traum und Dana war eine Frau, die sich jeder Mann im Bett wünschte.

»Würde es dich stören, wenn wir es miteinander machen? Du hast bei deiner Vorstellung gestern ja ziemlich Eindruck hinterlassen.«

»Nein, natürlich nicht.«

Trixi wurde auf die Bühne geführt. Der Raum verdunkelte sich. Schon fühlte sie Danas warmen Lippen auf ihrem Mund. Es war das erste Mal, dass Trixi eine Frau küsste. Wie fast alle Frauen hatte sie sich schon öfter vorgestellt, wie es sich wohl anfühlte, wenn sie es mit einer Frau machte. Der erste Eindruck war genial. Schon fühlte sie weiche Finger, die über ihre Titten streichelten. Noch leicht geflasht von der heißen Nummer mit dem Blackboy, stand hier schon der nächste Lusthammer bereit.

»Trau dich. Ich habe mir extra für den Job hier meine Titten machen lassen. Verwöhn mich gern.«

Die Worte erregten Trixi noch weiter. Ihre Möpse waren zwar noch schön knackig und doch hatte sie auch schon mal darüber nachgedacht, sie sich irgendwann machen zu lassen. Trixi fasste der schönen Lady an die Titten. Ihre Hügel fühlten sich hart an. Sie zwickte Dana kurz, während diese ihrer Gespielin über den Bauch streichelte und an den Arsch fasste.

»Bitte etwas vorsichtiger. Meine Titten sind seit der OP empfindlich geworden.«

Trixi lief es heiß den Rücken hinunter. Viel behutsamer begann sie nun, an den Brüsten ihrer Lehrerin zu spielen. Langsam taute Trixi auf. Das Feuer der Lust brannte in ihr.

»Leg dich hin.«

Zum ersten Mal hörte Trixi diese Worte von einer Frau. Sie tat es und legte sich auf den extrem weich gepolsterten Boden der Bühne. Hemmungslos spreizte sie die Beine und schon verschwand Danas grinsendes Gesicht zwischen ihren Beinen. Weiche Frauenfinger berührten ihre Spalte. Laut seufzte die Schülerin auf. Noch nie war ihre Blume so zärtlich verwöhnt worden. Sie begann, an ihren eigenen harten Nippeln zu spielen. Al sie die Zunge ihrer Lehrerin zwischen ihren Beinen spürte, explodierte ihre Lust. Laut schrie sie auf. Es war ihr erster Höhepunkt, den sie von einer Frau geschenkt bekam.

Intensiv schlürfte Dana ihre Lust. »Küss mich.«

Dana tauchte mit ihrem Gesicht wieder auf und grinste. Schon krabbelte sie über ihre Schülerin und beugte sich zu ihr herunter. Wild trieb die junge Frau ihrer Lehrerin die Zunge in den Mund und das Duo tauschte lustvolle Küsse aus.

Trixi war neugierig, wie sich eine Frauenperle anfühlte. Genussvoll und doch zärtlich berührte sie zum ersten Mal die Spalte einer Frau. Es war gigantisch. Danas Möse war so zart und flauschig. Herrlich!

»Du bist so weich und offen.«

Dana schaute ihre Schülerin an: »Kann daran liegen, dass du es mir gut machst.«

Die Worte beflügelten Trixi und so spielte sie weiter an der attraktiven Spalte ihrer noch attraktiveren Lehrerin. Immer mehr heiße Küsse wurden ausgetauscht.

Dana hielt ihr die gemachten Titten hin. Was ihre Lehrerin wollte, war klar und Trixi war begeistert. Sofort begann sie, an Danas dicken Nippeln zu lutschen. Die weiblichen Zitzen fühlten sich gut an. Sie machte weiter und nuckelte an den wirklich großen Radioknöpfen. Dana stöhnte und winselte laut. Kam es der blonden Schönheit? Trixi wollte es wissen und fasste Dana zwischen die Beine. Mit einer Fingerkuppe drang sie in die nasse

Spalte ein und spürte sofort den harten Kitzler ihrer Lehrerin. Darauf hatte sie gewartet. Mit runden Bewegungen stimulierte sie Danas Nervenknotenpunkt, woraufhin Dana wild zu heulen begann. Wie ein Wolf hörte sie sich an. Massen von Lust sonderte die gerade gekommene Spalte ab.

»Fick mich mit einem Gummischwanz.« Trixi wollte die ganze Bandbreite heißer Frauenliebe erleben.

Dana griff mit einem liebevollen Blick unter die Bühne und holte einen fleischfarbenen Dildo hervor. »Mach ihn nass.«

Schon spürte Trixi den Kunstschwanz an ihren Lippen. Als würde man ihr einen richtigen Schwanz vor die Lippen halten, leckte sie über die weiche Spitze des Dildos. Es fühlte sich schmutzig und geil an. Tief nahm sie das Ding in den Mund und lutschte, als gäbe es kein Morgen mehr.

Zufrieden hielt Dana den Schwanz in die Höhe. »So macht man einen Schwanz geschmeidig, meine lieben Schülerinnen.«

Einen Augenblick später steckte der Prügel in ihrer Fotze. Es war schön und erregend. Mit gleichmäßigen Bewegungen wurde Trixi gebumst. Dana beugte sich zu ihrer Gespielin und begann, ihren Bauchnabel zu lecken. Es dauerte vielleicht noch dreißig Sekunden, bis Trixi laut brüllte. Es war kein Höhepunkt, es war lebendiges Feuer, das sie in einer glühenden Kugel verbrennen ließ. So eine geile Nummer hatte sie noch nie erlebt.

Dana stand auf und schaute in die Runde. »Das hier ist geiler Lesbensex. Von Trixi könnt ihr eine Menge lernen. Vielen Dank.«

Die Schülerinnen standen auf und klatschten zusammen mit Dana Beifall.

***

Trixi blieb noch zwei Wochen und erlebte eine Reihe von Höhepunkten, von denen sie nie zuvor geträumt hatte. Mit einer Lüge verließ sie schließlich das Internat. Sie sagte, ihr Vater sei sehr krank und sie müsse nach Hause.

Drei Wochen später saß sie in der Redaktion und schrieb einen Bericht über die Eröffnung eines Einzelhandelsgeschäftes.

Harald Bäumler fragte sie: »Hast du noch was in der Sache des Internats herausbekommen?«

»Nein, ich habe die Sache aufgegeben. Auf Gerüchte gebe ich nichts. Es wird schon alles seine Ordnung haben.«

»Sag ich doch. Das ganze Gerede um den Ort der Lust ist einfach nur der Wunsch einiger Bürger.«

»Ja, ja.« Trixi grinste und beschloss, die Sache ein für alle Mal zu begraben. Nur ihr Freund profitierte von einer viel aufgeschlosseneren Frau im Bett.

Versautes Sodom und Gomorra

»Luisa, du bekommst im nächsten Monat eine neue Mitbewohnerin.«

Luisa Neumann war begeistert. Endlich wäre sie nicht mehr allein auf ihrem Zimmer. Einige Wochen mal allein zu sein, war okay, aber auf Dauer war es nichts für sie. Da sie mit ihren Eltern und zwei Schwestern aufgewachsen war, kannte sie es gar nicht, allein zu sein. Ihr Vater war Abteilungsleiter bei einer großen Kosmetikkette und verdiente gut. Das Familienleben war sehr angenehm gewesen.

Ihre Eltern hätten sie gern zu Hause behalten, aber sie war sehr selbstständig und wollte ihr eigenes Leben führen. Als sie ihren Eltern offenbarte, dass sie in ein Internat für Mädchen gehen wollte, waren diese im ersten Augenblick überrascht gewesen, aber sie bereute den Schritt nicht. Das Leben im Internat hatte sie verändert und erwachsener werden lassen.

Das war aber jetzt egal. Alles, was zählte, war die Tatsache, dass sie bald nicht mehr allein wäre. Frisches Blut und neue Ansichten – was wollte sie mehr? So nahm sie die Nachricht der Vertrauenslehrerin Maira Rettich voller Freude auf. Die scharfe

Maira, wie Luisa sie heimlich nannte, machte auch an diesem Tag ihrem Namen wieder alle Ehre. Eine enge blaue Jeans und ein schwarzes Top, das sehr großzügig ausgeschnitten war und oben nur von zwei dünnen Fäden Stoff gehalten wurde, bedeckten ihren heißen Körper. Vor allem bei den männlichen Lehrkräften war die dreiunddreißigjährige Schönheit beliebt, was auch an ihrem geilen Körperbau lag. Als rassige Italienerin wusste sie natürlich, wie man sich sexy kleidete, und sie konnte es sich leisten.

Mit einem Lied auf den Lippen machte sich Luisa daran, die Seite ihres Zimmers zu putzen, die für die neue Mitbewohnerin vorgesehen war. Das Zimmer war sauber, keine Frage. Doch die Neue sollte gleich einen guten Eindruck bekommen.

***

Zwei Tage später erfragte sie den Namen des Mädchens im Sekretariat der Schule: Johanna Krämer. Ein schöner Name.

Am Ersten des neuen Monats wartete Luisa aufgeregt in ihrem Zimmer. Sie hatte es mehrfach geputzt, es roch nach Zitrone und war beinah steril. Wie die Neue wohl war? Was sie wohl zu erzählen hatte und woher sie kam? Fragen über Fragen.

Endlich ging die Tür auf und da stand sie – Johanna Krämer. Luisa war total angetan von der jungen Frau mit den Sommersprossen im Gesicht und der sportlichen Figur.

»Hi, ich bin Luisa.«

»Ich heiße Johanna.«

Beide Mädels gaben sich verlegen die Hand, eine Art Beschnupperung fand statt. Johanna legte ihren Koffer aufs Bett und schaute sich das Zimmer an. »Warum ist es hier so sauber?«, fragte die Neue.

»Weil ich geputzt habe. Extra für dich.«

Johanna griff in ihren Koffer und zeigte Luisa einen Schwamm und eine Packung Geschirrspülmittel.

»Ich nehme ja immer dieses Spüli, um alles zu reinigen. Es riecht so gut.«

Luisa strahlte. »Ich kenne die Marke, die ist total gut.«

Die jungen Frauen setzten sich aufs Bett und fachsimpelten über die verschiedenen Reinigungsmittel und ihre Besonderheiten. Schnell taute das Eis. Luisa war nicht nur von den Ansichten ihrer neuen Zimmergenossin angetan, sondern auch von ihrer Persönlichkeit. Johanna war eine lebenslustige junge Frau, die unheimlich lieb war und ziemlich geil aussah. Lange braune Haare, die sie an diesem Tag zu einem Zopf zusammengebunden hatte, schöne Brüste und schlanke Schenkel, von denen Luisa nur träumen konnte. Unattraktiv war sie auch nicht, aber ihr Becken war einfach zu breit. Eine ihrer Problemzonen. Doch das war an diesem Tag egal.

Johanna kam aus einer Aristokratenfamilie. Ihre Eltern lebten für ihren Beruf und hatten wenig Zeit für ihre Tochter. Zu Hause wurde es immer langweiliger, auch weil sie Einzelkind war. Jungs durfte sie auch nicht nach Hause mitbringen und eine Hausdame, die mehr ein Hausdrache war, wachte über die junge Schönheit. Irgendwann hatte sie genug gehabt und wollte einfach was erleben, daher entschied sie sich für den Besuch eines Internats.

Mehr als zwei Stunden tauschten sich die Mädels aus und stellten so manche Gemeinsamkeit fest.

»Wollen wir deine Sachen in den Badezimmerschrank räumen?«, fragte Luisa.

»Klar.« Die Angesprochene schnappte sich ihren Kulturbeutel und folgte Luisa ins Bad. Dort stellte sie ihre Sachen auf die kleine Ablagefläche vor dem Spiegel und schaute neugierig auf eine Schachtel mit kleinen rechteckigen weißen Blättern.

»Was ist das?«, fragte sie neugierig.

»Das sind Wachsstreifen. Mit denen kriegst du wirklich alle Haare untenrum ab. Hilft viel besser als das ständige Rasieren und ist auch nicht so zeitaufwendig.«

»Boah, davon habe ich zwar auch schon gehört, soll aber da unten total wehtun.«

»Man gewöhnt sich dran.«

In diesem Augenblick klopft es.

»Herein«, rief Luisa laut.

Kurz darauf schob Maira Rettich ihren Kopf ins Bad und strahlte über das ganze Gesicht.

»Hallo Johanna, mein Name ist Maira Rettich. Ich bin die Vertrauenslehrerin an der Schule. Wenn du Probleme hast, Fragen stellen möchtest oder mit jemandem reden willst, dann wende dich vertrauensvoll an mich.«

Luisa fasste es nicht. Die geile Maira trieb es an diesem Tag auf die Spitze. Ein absolut kurzes gelbes Sommerkleid, an dem bestimmt zehn Zentimeter Stoff fehlten, bedeckte oder besser gesagt unterstrich ihren heißen braun gebrannten Körper. Auch ihre Tattoos an Armen und Beinen wurden durch den grellen Stoff schön in Szene gesetzt. Wenigstens trug sie einen BH, was nicht immer der Fall war.

»Ja, da komme ich gern drauf zurück«, war die Antwort der neuen Schülerin.

Der Blick der Vertrauenslehrerin fiel auf die Wachsstreifen. »Die Teile nehme ich auch, sind wirklich gut. Einmal genommen und zwei Wochen Ruhe.«

»Ja? Bei mir hilft es leider nur etwa zehn Tage. Untenrum wächst es einfach schnell bei mir.«

»Das Problem kenne ich auch, wird aber besser. Da wir ein reines Mädcheninternat sind, haben wir hier außer den männlichen Lehrkräften einen echten Mangel an Männern. Meine Tür steht dir natürlich immer offen, gerade wenn es um solche intimen Dinge geht.«

»Das ist ja lieb. Bestimmt komme ich auch darauf zurück.«

Maira war gerade verschwunden, als Johanna ihre neue

Mitbewohnerin anschaute. »Die ist ja total hübsch und heiß. Hast du ihre Tattoos gesehen und erst ihre braun gebrannte Haut? Ziemlich geil.«

»Und mit ordentlich Verkehr untenrum.«

»Wie meinst du das?«, fragte Johanna.

»Du hast sie doch gesehen. Dorfmatratze würde man in meiner Stadt dazu sagen. Die ist total beliebt, aber du siehst ja auch, warum.«

»Na ja, wir sind ein Mädcheninternat. Was soll hier passieren? Man kann es sich selbst machen oder sich sein Vergnügen draußen suchen.«

»Da hast du natürlich recht.«

Luisa schwieg lieber, als das Geheimnis des Internats preiszugeben.

***

Johanna und Luisa teilten sich nicht nur das Zimmer, sondern besuchten auch die gleiche Klasse. Die braunhaarige Schönheit ließ sich alles ausführlich von Luisa erklären.

Am ersten Schultag hatte das Duo gleich Unterricht beim männlichen Star des Internats. Mario Hammerschmidt. Ein attraktiver junger Mann, der unglaublich dynamisch und athletisch war. Die Klasse hatte Sportunterricht bei ihm. Mit seinen langen blonden Haaren, der ultracoolen Dreiviertelhose und einem fast durchsichtigen atmungsaktiven Oberteil, das wie eine zweite Haut auf seinem Oberkörper lag, sah er aus wie ein heißer Surfer.

»Der hat ja kein Gramm Fett auf den Rippen. Wenn der auch in der Hose so ausgestattet ist, würde ich mich an seiner Stange auch gern mal hochziehen lassen.«

Luisa grinste, als Johanna ihr diese sündigen Gedanken zuflüsterte. Die Mädels der Klasse standen alle in einem Halbkreis um den wirklich sympathischen Lehrer, der gerade die Volleyballregeln erläuterte. Die Schule unterhielt eine Volleyballmannschaft, die auch auf Turniere fuhr. Aus diesem Grund wurde fast immer dieser Mannschaftssport im Sportunterricht gespielt. Luisa, die schon seit drei Jahren an der Schule war, kannte die Wirkung des hübschen Lehrers auf die Schülerinnen. Auch sie war ihm einmal fast hörig gewesen, aber als sie sein Geheimnis herausbekam, war es schnell vorbei.

Kurz darauf wurde gespielt. Mehr schlecht als recht, aber so war es nun mal.

Maira Rettich kam in die Sporthalle. Sie trug eine unverschämt enge blaue Leggins, dazu einen schwarzen Body. Das Teil war zwar blickdicht, aber Maira hatte den BH vergessen, mal wieder. In den Sommermonaten kam es oft vor, dass man ihre Nippel sah. Offenbar traute sich keiner, ihr das mal zu sagen. Luisa fand das schlimm, aber da war sie wohl die Einzige. Mairas harte Knospen waren auf die Entfernung von mindestens einem Kilometer zu sehen.

Zärtlich legte sie einen Arm auf Marios Schulter.

»Sind die zwei miteinander vertraut?«, fragte Johanna ihre Freundin.

Luisa bekam auch jetzt das Grinsen nicht aus dem Gesicht: »Kann man so sagen.«

Kurz darauf betrat Marion Selbe die Sporthalle. Sofort fiel sie mit ihren schulterlangen roten Haaren auf. Ihre Ausstrahlung war atemberaubend. Wenn sie einen Raum betrat, dann spürte man sofort ihre starke Persönlichkeit.

»Die Direktorin. Weißt du, wie alt die ist? Wenn ich mir die so anschaue, dann schätze ich sie höchstens auf Mitte vierzig.«

Bevor Luisa antworten konnte, musterte sie die wirklich sehr attraktive Frau. Ihr Hals wurde von einer goldenen Kette geziert, dazu trug sie ein rotes Top, unter dem sich ihre vollen Brüste abzeichneten. Sie trug wie immer einen BH. Ein schwarzer langer Rock bedeckte ihre Beine. Schlank war die Frau und sah sportlich aus. Luisa wusste, dass sie sich die Lippen hatte aufspritzen lassen, auch lange künstliche Wimpern hatte sie sich machen lassen. Schlecht sah das alles nicht aus, dazu kam ihre schlanke Figur. Vielleicht war sie nicht mehr als junge Milf zu bezeichnen, aber als reife Milf auf jeden Fall.

»Sie ist einundfünfzig Jahre alt und eine echte Rothaarige.«

»Luisa, woher hast du nur all diese Informationen?«

»Das ist ein Geheimnis.«

Dass die Antwort den Wissensdurst ihrer neuen Freundin nicht befriedigte, war klar, aber Luisa behielt ihre Quelle lieber für sich.

***

Als der Sportunterricht und damit auch der Schultag zu Ende war, begaben sich die Mädels auf ihr Zimmer.

»Hier sind alle Lehrerinnen und Lehrer total attraktiv. Gibt es auch Lehrkräfte, die nicht schön sind?«

»Johanna, die Frage kann ich dir eindeutig beantworten. Nein.«

»Das ist jetzt meine dritte Schule und überall gab es unsympathische, alte und unattraktive Lehrer und Lehrerinnen. Hier sind alle auf ihre Art total heiß.«

»Ah, ist es dir auch schon aufgefallen? Jetzt denk mal darüber nach. Wenn du hier ein gutes Leben haben willst, dann gibt es bestimmte Regeln. Die sind relativ einfach. Beschwere dich nie über eine Lehrkraft, lästere nie und was auch immer du vielleicht mal siehst, vergisst du einfach. Mit diesen drei Regeln kommst du hier wundervoll einfach durch die Schulzeit.«

»Luisa, das sind doch jetzt Fantasien aus deinem Kopf. Vor allem die letzte Regel ist ein Witz. Ich mache jetzt mal die Augen zu. Gute Nacht.«

In dieser Nacht dachte Luisa lange darüber nach, ob sie ihrer neuen Freundin auf die Sprünge helfen sollte, konnte sich aber noch nicht dazu durchringen.

***

Am nächsten Morgen war alles wie immer. Die zwei Freundinnen gingen gemeinsam zum Frühstück. Am Schwarzen Brett hing ein frischer Zettel.

»Oh, schau mal. Morgen ist Lehrerkonferenz. Warum wird das hier so bekannt gemacht?«, fragte Johanna.

»Damit alle Schülerinnen wissen, dass in der Zeit keine Lehrkräfte zur Verfügung stehen. Die Leute haben offenbar wieder Lust.«

»Keine Ahnung, was du meinst, aber dann können wir in die Stadt gehen und uns die Jungs anschauen. Was meinst du?«

»Wir werden sehen.«

»Okay.«

Luisa kämpfte mit sich. Sollte sie Johanna endlich in ihr kleines Geheimnis einweihen? Eigentlich hatte sie schon viel zu viel verraten. Sie mochte ihre neue Freundin immer mehr und wollte Johanna helfen, doch sie tat sich schwer.

Im Speisesaal gab es einen Tisch für Lehrkräfte. Jetzt achtete Luisa auch mal wieder auf die Körper der Lehrer. Alle sahen wirklich sehr gut aus.

Johanna stupste ihre Freundin an. »Schau mal, wer ist denn der alte Sack da?«

»Du meinst Horst Setzer. Der Typ ist schon über zwanzig Jahre hier. Wie du siehst, hat ihn die Zeit auch mitgenommen. Früher war er total schlank und hatte volles braunes Haar. Heute ist es etwas anders.«

Johanna lachte leise: »So schlecht sieht er aber gar nicht aus.«

Sie schauten zu ihm hinüber. Ein leichter Bierbauch zierte seine Hüften, dazu trug er Halbglatze. Doch er sah freundlich aus. Luisa spürte, wie Johanna immer wieder zu dem älteren Mann schaute.

»Stehst du auf reife Männer?«, fragte Luisa.

»Wenn ich ehrlich bin, dann ja. Sie haben so viel Erfahrung und so große Schwänze.«

»Woher weißt du das?«

»Luisa, ich sehe gut aus. An meiner alten Schule war es nicht selten, dass sich junge Mädchen einen reichen Kerl aufrissen. Es gab Sex und dafür bekam man dann schöne Sachen oder Geld. Ich hatte es zwar nicht nötig, aber es hat Spaß gemacht.«

»Schlag dir Horst aus dem Kopf. Am besten, du vergisst gleich alle Lehrer.«

»Warum? Du redest immer wieder in Rätseln. Woher weißt du das alles?«

»Ich habe meine Quellen.«

Johanna seufzte.

Luisa kämpfte immer intensiver mit sich. Sollte sie Johanna doch ihr sündiges Geheimnis anvertrauen?

***

Am nächsten Morgen hatte Luisa eine Entscheidung getroffen. »Wir gehen heute nicht in die Stadt. Ich habe eine viel bessere Idee.«

»Ich bin gespannt.«

Um vierzehn Uhr begann die Lehrerkonferenz. Luisa und Johanna lagen auf ihren Betten und surften im Netz.

Um halb drei piepte der Wecker auf Luisas Handy und die junge Frau sprang auf. »Johanna? Es wird Zeit, dass ich dir ein Geheimnis verrate. Es geht hier viel sündiger zu, als es aussieht.«

»Das glaube ich nicht. Ist doch alles ganz normal.«

»Nun ja, ist es nicht. Komm mal mit.«

Johanna zuckte mit den Achseln und folgte ihrer Freundin auf den Flur. Sie stiegen eine knarrende Treppe in den Glockenturm hinauf.

»Was machen wir hier oben? Außer Spinnenweben ist hier doch nichts.«

»Johanna, vertrau mir.«

Sie waren jetzt direkt im Turm. Die Glocke wurde schon seit Jahren nicht mehr geschlagen. Luisa griff zu einer alten Fackelhalterung und drehte das alte verrostete Gittergestell nach rechts. Eine geheime Tür öffnete sich.

»Was ist das hier?« fragte Johanna leicht verängstigt.

»Ein geheimer Gang. Und du wirst nie erraten, wohin dieser führt, oder besser gesagt, was wir zu sehen bekommen werden. Hoffe ich.« Sie schaute auf die Uhr. Eine Stunde ging die Konferenz jetzt schon. Der ideale Zeitpunkt, um sich das Treiben im Lehrerzimmer anzusehen.

Die jungen Frauen stiegen einige Treppen aus Stein hinab und gingen dann einen ebenfalls komplett aus Stein bestehenden Gang entlang. Luisa ging voraus. Man konnte in verschiedene Räume schauen.

»Venezianischer Spiegel. Wir müssen ganz leise sein«, flüsterte Luisa ihrer Freundin zu.

Das Duo ging weiter. Vor einem kleinen Spiegel blieb Luisa stehen und grinste.

Neugierig schaute Johanna durch die Scheibe. Was brachte ihre Freundin so zum Grinsen? Johanna schaute und schaute noch mal. Das glaubte sie jetzt nicht. Maira kniete komplett nackt doggy auf einem großen Tisch, der in der Mitte des Raumes stand. Ihre vollen Titten mit den dunklen Nippeln baumelten herab. Doch nicht nur ihre Möpse waren heiß, auch ihr Arsch. Die geile Lady hatte keinerlei Cellulite am Arsch. Dicke fleischige Backen lachten in den Raum. Horst Setzer stand am Rande des Tisches und wedelte mit seinem harten alten Schwanz. Das Teil war riesig. Auch er war komplett nackt. Hart schlug er der jungen italienischen Stute mit einem großen Holzlineal auf den Arsch. Sie stöhnte bei jedem Schlag auf.

»Spreiz die Beine noch weiter. Ich will dir auf die Rosette schlagen.«

Mario Hammerschmidt, der ebenfalls nackt war, stellte sich zu dem Duo und riss Maira die Hinterbacken auseinander. »Schlag die Sau.«

Horst zielte und schlug zu.

Maira stöhnte laut auf. »Ja, bestraf deine nuttige Schülerin. Ich brauche es hart.«

Johanna wurde rot. Was war das bitte für ein geiles Treiben? Nie hätte sie sich solche Szenen vorgestellt.

Jetzt trafen mehrere Schläge Maira zwischen ihren Backen. Es tat ihr offensichtlich weh, aber die Kerle geilte es auf. Die beiden Mädchen zählten etwa fünfzehn Personen in dem großen Raum. Jetzt wurde Johanna auch klar, warum eine schwere, abschließbare Eisentür das Lehrerzimmer schützte. Es setzte weitere Schläge für Maira, jetzt wurden ihre Titten mit dem Lineal geprügelt. Es war einfach nur geil. Die Stute schrie ihre Lust heraus. Ein dicker Riemen wurde ihr vor den Mund gehalten. Als sie willig die Lippen öffnete, wurde ihr der harte Muskel rücksichtslos hineingerammt. Mario griff sich Kabelbinder und verband der süßen Italienerin die Hände auf dem Rücken. Jetzt konnte sie sich nicht mehr abstützen.

Horst zog sie vom Tisch. »Knie dich auf den Boden und dann richte dich auf.«

Maira tat es. Weit spreizte sie die Beine, sodass ihre Schenkel fast den Boden berührten. Sie hatte große Schamlippen, die teilweise offenstanden. Mit einem breiten Grinsen kniete sich Horst hinter die attraktive Frau. Seine Hände griffen von hinten nach ihren Titten und kneteten ihre knackigen Bälle. Maira stöhnte lustvoll auf.

Dann kam Marion Selbe nackt ins Bild. Der junge Lehrer Mario jagte die hübsche Direktorin mit seinem nackten Schwanz durch den Raum. Sekunden später war die Direktorin in eine Ecke des Raumes gedrängt.

»Ich gebe auf, du bekommst mich.«

Diese Worte aus dem Mund einer Respektsperson hörten sich geil an. Grinsend kniete sich Marion vor ihren jungen Kollegen und spreizte die Beine. Die reife Direktorin trug einen sehr gepflegten hellroten Pelz zwischen den Beinen und begann, sich mit den Fingern zu streicheln. Geil war sie auf jeden Fall. Glänzende Feuchtigkeit benetzte die kurz geschorenen roten Haare, die die Lady zwischen den Beinen trug. Mario packte sie hart am Kopf und drückte ihren Kopf zwischen seine Lenden. Intensiv saugte Marion an dem harten Schwanz und der junge Lehrer verdrehte die Augen. Es sah einfach geil aus.

Inzwischen hatte Horst seinen harten Rüssel gegen Mairas Arsch gedrückt. Glasiger Schleim auf ihrem Arsch zeugte von seiner Lust. Maira jammerte leise, weil Horst mit den Fingern an ihrer Rosette spielte. Hatte er ihr schon einen Finger in den Arsch geschoben?

Kurz darauf legte sich Horst grinsend auf den Boden. Sein Gemächt bildete einen überdimensionierten Fahnenmast. »Jetzt ist dein Arsch schön vorgedehnt«, rief er in totaler Ekstase. Er lag mit seinem reifen Körper auf dem weichen Teppich, der einen Teil des Raumes bedeckte, und grinste über das ganze Gesicht.

»Wachsen Männerschwänze mit dem Alter?«, fragte Luisa leise und kicherte dabei.

»Ich denke schon. Aber so eine große Erfahrung habe ich mit den Riemen von reifen Stechern nicht.«

Maira kniete sich über den leichten Bauch des alten Mannes. Er fasste ihr von hinten an die kahl rasierte Spalte. Ihre Hände waren immer noch auf dem Rücken festgebunden. Er packte ihre Hüften und senkte ihr Becken.

»Nein, nicht in den Arsch. Du bist viel zu groß.«

»Ach, komm, du bekommst ihn doch locker rein.« Immer tiefer zog er ihren heißen knackigen Körper gegen seinen Riemen.

Sie begann zu zittern. Mit Kraft drückte er sie auf seinen Hobel. Als Maira die harte Eichel an ihrer Rosette spürte, schrie sie vor Lust. Horst lachte dreckig und zog sie näher zu sich heran. Ihr Leib zitterte. Gänsehaut legte sich auf ihre Titten.

»Schau mal, wie geil die Alte ist.« Johanna war ziemlich erregt. Sie öffnete vorsichtig die Knöpfe ihrer Hose und vergrub ihre Finger unter dem Stoff. Leise begann sie zu stöhnen.

»Ich will deine Fotze sehen.« Luisa schob Johannas Hand weg und steckte ihre eigene Hand zwischen Johannas Beine. Zum ersten Mal berührte sie eine Pflaume. Neugierig streichelte sie die intime Öffnung ihrer Freundin.

Doch das sündige Treiben im Lehrerzimmer ging weiter. Inzwischen steckte Horst tief im Arsch seiner hübschen Kollegin. Sie schrie vor Erregung. Ein weiterer Kollege stellte sich zu dem Duo und band mit einem Nylonfaden Mairas Titten ab. Der Kerl grinste. Es sah heiß aus. Sie kämpfte mit dem harten Rüssel, der rücksichtslos ihren Arsch sprengte. Schweiß stand ihr auf der Stirn. Während Horst sie mit harten Beckenbewegungen in den glänzenden Arsch penetrierte, zog sich der Faden immer heftiger um ihre Titten.

»Was haben die nur alle mit Maira?«, fragte Johanna.

»Kannst du es dir nicht denken? Du siehst doch jeden Tag, wie sie rumläuft. Was meinst du, wie geil die Typen alle auf sie sind. Wenn die dann mal die Möglichkeit haben, sie zu bumsen, nehmen sie sich die Italienerin sehr gern vor.«

So war es auch. Erneut wurde ihr ein harter Bolzen vor das Gesicht gehalten. Dieses Mal von einer anderen Lehrkraft, die Johanna nicht kannte.

»Los, leck mir dir Spitze.«

Wie einem Esel, dem eine Möhre vor die Nase gehalten wird, damit er schneller läuft, wurde ihr der harte Prügel vorgehalten. Der Kerl wichste sich. Während Maira versuchte, mit der Zunge seine nasse Eichel zu lecken, zog Horst seine Stute zu sich heran. Die hübsche Frau konnte gar nicht gewinnen.

Inzwischen wurden auch weitere geile Spiele mit Marion getrieben. Sie lag mit weit gespreizten Beinen neben dem Trio. Ein Wachsstreifen klebte zwischen ihren Beinen. Inzwischen hatten schon mindestens zwei Typen auf ihren Körper gespritzt. Heißes Sperma lief über ihre Titten. Ein Mann saß rittlings auf ihr und drückte seinen Rüssel zwischen ihre Titten.

»Das Sperma von anderen Kerlen ist ein geiles Schmiermittel. Drück deine Titten schön zusammen. Wenn nicht, dann wirst du untenrum ziemlich viele Haare verlieren.«

Der Kerl lachte dreckig, während Marion ihn mit vor Angst weit aufgerissenen Augen anschaute. Ihre goldene Kette war ebenfalls bereits mit Sperma verschmiert.

Luisa erlebte ein geiles Kopfkino. Sie stellte sich vor, dass die Direktorin im alten Rom eine sündige Nutte war, die sich hochgebumst und es jetzt endlich geschafft hatte, einen reichen Senator zu heiraten. Sie war am Ziel ihrer Wünsche und doch kam sie von ihrer Lust nicht weg. So ließ sie sich von Sklaven und Geschäftsleuten hart nehmen. Sie drückte ihre vollen Titten zusammen. Luisa schätzte die Dinger ihrer Direktorin auf mindestens achtzig E. Intensiv wurden ihre Titten gebumst. Eine Menge Lustschleim lief vermischt mit den Resten des Spermas der Vorgänger über ihre Möpse.

»Streng dich an, du dummes Ding. Dass du mir letzte Woche den Urlaubstag gestrichen hast, habe ich noch nicht vergessen.« Mit einem geilen Blick in ihre Augen riss er ihr den Wachsstreifen vom Körper. Marion brüllt vor Schmerz. Sie wimmerte. Doch ihre Demütigung war noch nicht vorbei. Ein weiterer Lehrer drückte ihr die Nase zu und rammte ihr seinen Riemen tief in den Mund.

»Mir hast du die versprochene Beförderung immer noch nicht ermöglicht. Dafür wirst du jetzt schlucken.« Er zog an ihrer Kette und zwang sie somit, den Kopf zu heben und Marion musste seinen Bolzen tief in den Mund nehmen. Lustvoll stöhnte er, als sein Schwanz immer weiter in ihrem Mund verschwand. »Ja, saug, du Miststück.«

Es herrschte Sodom und Gomorra bei der Konferenz. Erneut lief Marion ein harter Schwall Sahne über die Titten. Der Schwanz zwischen ihren Hügeln pulsierte gefühlte Minuten.

»Im Bett bist du wirklich geil.« Diese Worte sprach einer der Lehrer, der gerade auf ihre Titten gespritzt hatte.

Maira hatte immer noch mit den zwei Rohren zu kämpfen. Horst hatte eine unglaubliche Ausdauer. Bestimmt fünfzehn Minuten wurde sie schon hinten reingefickt. Inzwischen waren ihre Titten blau angelaufen und sie jammerte.

»Wir wollen Lesbensex sehen. Wie wollen Lesbensex sehen«, rief Mario Hammerschmidt immer wieder laut und klatschte mit den Händen. Horst machte mit und so grölten bald alle Lehrer diese sündige Forderung. Schließlich lösten sich die Schwänze von Maira. Ihr Arsch war offener als ein Scheunentor.

Luisa wurde immer geiler und steckte Johanna jetzt einen Finger unten rein. Es war ein schönes und warmes Gefühl.

Marion und Maira lächelten sich an.

»Wer löst ihr die Fesseln?«, fragte Marion, da sie die Schmerzen ihrer Kollegin sah. Ihre Titten waren inzwischen dunkelblau.

»Halt den Mund und macht es euch.«

Horst hielt einen schwarzen Stab in der Hand und kniete sich hinter die Direktorin. Er griff ihr hemmungslos an den Arsch und drückte ihr einen Analplug dagegen.

»Nein, nichts in den Arsch. Macht, was ihr wollt mit Maira.«

Die Lust zwischen den Schülerinnen wurde derweil immer intensiver. Johanna begann, ihrer Freundin an den Titten zu spielen. Natürlich trug Luisa noch ein T-Shirt und ihren BH, dennoch war der Reiz der weiblichen Finger intensiv.

Die Schönheit aus Italien schaute ihre Chefin böse an.

»Tut mir leid, aber ich kann es mir mit den Kollegen nicht verscherzen.«

»Du dumme Schlampe.«

Die zwei jungen Zuschauerinnen konnten die Wut verstehen. Abgebundene Titten waren wirklich scheiße.

»Hast du das schon mal erlebt?«, fragte Luisa.

»Ja, einmal. Fühlt sich an wie ein eingeschlafener Fuß. Wenn dann noch daran gespielt wird, tut es richtig weh.«

»Küsst euch, ihr Schlampen.« Horst stand mit einem steinharten Schwanz vor den Frauen und lachte lüstern. Entschuldigend schaute Marion ihre Mitarbeiterin an, die nur verächtlich schnaufte. Mit einem lauten Seufzer drückte Marion der Vertrauenslehrerin die Lippen auf den Mund.

Besonders Luisa erregte die Situation sehr. Gegen den Willen zum Sex gezwungen zu werden, war für die junge Frau total aufregend. Schon einige Male hatte sie sich das vorgestellt, allerdings nahm sie immer den dominierenden Part ein. Gebannt schaute sie zu.

Marion und Maira küssten sich lustvoll, ihre Lippen berührten sich gierig.

»Jetzt leck ihr die Fotze.«

Marion senkte den Kopf und verwöhnte ihre Kollegin mit dem Mund. Maira stöhnte laut auf.

»Streck uns deinen Arsch entgegen. Wir wollen deine jetzt kahle Spalte sehen. Männer, stellt euch in einer Reihe auf, wir machen jetzt Gruppen-Doggy.«

Marion tat es. Horst holte eine Flasche Wodka aus dem Schrank und hielt der Direktorin die Flasche vor die Nase.

»Wenn du nicht mitmachst, dann wird deine Fotze brennen. Und jetzt werden wir dich alle geil besamen. Es wird ein Traum.«

Schon kniete der erste Lehrer hinter ihr und rammte ihr

unter dem Johlen der anderen Männer seinen Riemen hart in die Spalte. Mit schnellen Bewegungen wurde sie genommen, ihr Körper wippte im Takt der harten Stöße. Gierige Finger malträtierten ihre Titten. Es fiel Marion schwer, Mairas Fotze zu lecken. Diese litt immer mehr unter ihren abgebundenen Titten.

»Ich kann das Band lösen, aber dafür wirst du die benetzten Schwänze sauber lecken, wenn wir in der reifen Fotze Marion gekommen sind, und du schiebst ihr den Plug in den Arsch.« Mario Hammerschmidt war in seinem Element. Horst und er waren die Antreiber der sündigen Spiele.

»Wenn du das machst, dann kannst du dir eine Beförderung abschminken«, presste Marion zwischen den Zähnen hervor. Inzwischen stand der reifen Frau Schweiß auf der Stirn. Ihr Körper bockte, als der erste Lehrer mit einem Jubelschrei in ihr kam. Als er seinen Riemen aus ihrer Fotze zog, quoll das weiße Sperma nur so aus ihrer Perle. Unter dem Jubel der anderen Männer wurde ihr der nächste Stab von hinten reingedrückt.

»Hier bekommt Rudelbumsen eine ganz besondere Bedeutung.« Luisa grinste, als sie Johannas leise Worte vernahm.

Ein Prügel wurde Maira in den Mund gedrückt. Bereits drei Kerle hatten ihre Schwänze so entsaftet.

»Jetzt ist der Plug dran.« Horst war voll in seinem Element. Er spuckte auf das schwarze Teil und reichte es der Vertrauenslehrerin. Mit zittrigen Händen führte sie das Teil an den Arsch der Internatsdirektorin. Ihre Rosette sah so unschuldig aus. Maira setzte an und hatte doch Skrupel.

»Jetzt mach schon, ich will nicht noch weiter vollgepumpt werden.«

Maira tat es. Marion schrie laut auf. Mit jedem Zentimeter, den der Prügel der reifen Lady tiefer in den Arsch getrieben wurde, keuchte sie lauter. »Ja, bestraf mich weiter. Ich habe gebockt.«

Marion war in totaler Ekstase. Plötzlich schrie sie wie am Spieß. »Ich bin so weit. Es kommt mir.« Sie zitterte wie Espenlaub. Ein Schwall Saft schoss aus ihrer Perle. Das reife Luder spritzte wirklich ab und sackte dann zusammen.

»Jetzt bumst ihr mich. Unsere Direktorin ist fertig.« Maira begab sich in die Doggystellung. Der nächste Stecher nahm sie hart von hinten. In der nächsten Stunde wurde sie von allen Lehrern einmal durchgenommen.

Marion hatte sich inzwischen etwas erholt und nahm einen tiefen Schluck Wodka zu sich. Ihr Körper war von den harten Strapazen ziemlich gezeichnet. Große weiße Tropfen liefen aus ihrer Perle und klatschten auf den Boden.

»Besamt sieht sie noch besser aus.« Luisa war maßlos geil und zog sich dennoch aus der Hose ihrer Freundin zurück.

Einige Lehrer nahmen sich Maira noch ein zweites Mal vor. Bald lag sie in einem Meer aus Sperma auf dem Boden und schnaufte vor Erschöpfung.

Die zwei Mädchen zogen sich zurück. Johanna war gleichzeitig begeistert und geschockt von dem heißen Treiben. Wortlos gingen die Mädchen auf ihr Zimmer.

»Wie oft kommt das vor?«, fragte Johanna.

»Na ja, bei jeder Konferenz. Ist ja klar. Alle Lehrkräfte wohnen hier und du hast recht. Hier sind nur schöne Körper, die unterrichten.«

»Außer Horst.«

»Stimmt, aber dafür hat der einen riesigen Schwanz.«

Die Frauen lachten und versuchten, das eben Gesehene zu verarbeiten.

»Was machen wir mit uns?«, fragte Luisa.

»Wir schauen mal. Ich stehe zwar nicht auf Frauen, aber du bist heiß.«

»Danke.«

***

Am nächsten Morgen gingen die beiden wieder in den Speisesaal. Maira und Horst saßen am Lehrertisch und nahmen ihr Frühstück zu sich. Die italienische Schönheit trug eine enge schwarze Lederhose und eine weiße Bluse, darunter zeichnete sich ein gelber BH ab. Als sie zum Büfett ging, sahen die Schülerinnen Mairas heißen Arsch. Wieder betonte sie ihren heißen Körper.

»Weißt du jetzt, was ich meine? Die steht total drauf, wenn sie so richtig durchgenudelt wird.«

Als Maira sich zurück zu Horst an den Tisch setzte, strich sie ihm vertraut über die Schulter. Beide schauten sich tief in die Augen und wirkten mehr als vertraut. Nichts deutete auf das heiße Treiben hin, das vor nicht einmal vierundzwanzig Stunden geschehen war.

»Ich hoffe, du verstehst jetzt, was ich mit den drei Regeln meinte.«

»Ja.«

Luisa und Johanna sahen die Lehrkräfte jetzt mit einem ganz anderen Blick.

HÖSCHENLUST

»Was für ein Traum.«

Bjorn joggte an diesem späten Nachmittag mit seinem Freund Konstantin um den grünen See. Sechs Kilometer umfasste eine Runde um den großen und idyllischen See, der am Stadtrand lag und ein Teil der grünen Lunge der Stadt war. Die beiden neunzehnjährigen Freunde liefen hier mehrmals die Woche. Doch Joggen war nicht die einzige Sportart, der sie gemeinsam nachgingen – auch Schwimmen, Badminton und Fußball stand regelmäßig auf dem Programm.

Jetzt standen sie etwas außer Atem vor einem über zwei Meter hohen blau bestrichenen Gitterzaun, der den öffentlichen Weg vom privaten Gelände eines Mädcheninternats abtrennte. Die jungen Männer hatten direkten Blick auf eine wunderschön angelegte Parkanlage mit saftigem Gras, Wegen aus feinem Sand und allerlei Sitzgelegenheiten. Neben der Parkanlage war ein großer Sportplatz eingerichtet worden. Die Mädchen nutzten den Park und die Sportanlage gern nach Schulschluss, um sich eine schöne Zeit zu machen. Das Internat lag im Dreiländereck Schweiz, Österreich und Deutschland und beherbergte entsprechend auch Schülerinnen aus allen drei Ländern.

An diesem warmen Nachmittag war wunderschönes Wetter. Viele junge Frauen befanden sich im Park oder nutzten die Sportanlagen, um ihre Körper in Form zu halten. Heiße Frauen in kurzen Röcken, engen Tops oder eng anliegenden Hosen – ein Fest für junge Männer. Alles, was das männliche Herz begehrt, war vertreten. Groß gewachsene Mädchen, schlanke Mädchen, Mädchen mit langen und kurzen Haaren …

So standen die Freunde vor den Gitterstäben und schmachteten die Frauen an.

»Tja, Björn. Hier siehst du das perfekte Jagdgebiet für uns.«

Beide hatten keine Freundin und so hatten sie auch mit erheblichem Druck zwischen ihren Beinen zu kämpfen. Die Mädchen waren aber auch unverschämt heiß. Zwei junge Frauen liefen in etwa einhundert Meter Entfernung in wirklich engen Bikinis an ihnen vorbei. Eine groß gewachsene Blondine trug einen pinkfarbenen Bikini. Ihr Arsch war der Hammer. Zwei volle fleischige Backen steckten unter einem breiten Bikinihöschen. Eine Brünette trug einen schwarzen BH und den dazu passenden String. Der winzige Streifen rollte sich förmlich in den Arsch der jungen Frau. Beide Frauen hatten tolle Brüste und einen sexy Bauch. Lasziv bewegten sich die Schönheiten.

Die Freunde starrten auf die eingecremten Körper.

»Hast du einen Steifen?«, fragte Björn.

»Wer in dieser Situation nicht geil ist, dem ist nicht mehr zu helfen. Siehst du diese geilen Hupen? Man möge mir ein Brett mit einem Loch geben und ich fick das Material.«

Björn lachte über die Worte seines Freundes, stimmte aber zu.

»Es wäre ein Traum, wenn wir hier als Gärtner arbeiten könnten. Stell dir das mal vor. Wir beide inmitten dieser reizenden Geschöpfe. Ich würde freiwillig länger und auch am Wochenende arbeiten.«

»Musst du dann auch. Die Hälfte der Arbeitszeit würden wir die Frauen geil knallen.«

Die Freunde klatschten sich ab.

Nachdem sie noch einige Minuten dem heißen Anblick von verschwitzten Körpern gefrönt hatten, setzten sie ihre Joggingrunde fort.

***

Am Abend saß Konstantin mit seiner Schwester und den Eltern am Abendbrottisch.

»Schatz, du isst ja kaum was. Stimmt was nicht?« fragte seine Mutter besorgt.

»Nein, es ist alles okay. Ich gehe mal auf mein Zimmer.« Mit diesen Worten verabschiedete er sich. Seine Geilheit war kaum noch zu verbergen. Die attraktiven Frauenkörper hatten ihn zutiefst beeindruckt.

Als er seine Zimmertür fast geschlossen hatte, lauschte er noch kurz über den Flur. Seine Eltern und seine Schwester waren in ein angeregtes Gespräch vertieft. Konstantin hatte also Zeit und Ruhe. Leise schloss er die Tür und holte den Schuhkarton unter seinem Bett hervor, in dem er einen kleinen Vorrat an Unterwäsche seiner Schwester versteckt hatte. Aufgegeilt und mit leicht zittrigen Händen wühlte er im Karton. Sollte er sich ein Höschen, einen String oder einen BH gönnen? Seine Schwester Marie war zwei Jahre jünger als er und hätte glatt auch das Internat besuchen können. Ihr Körperbau war einfach nur geil. Tolle Brüste, die glücklicherweise nicht zu groß waren, eine sexy Figur und ein umwerfend liebevoller Charakter. Noch nie hatte er sich mit ihr gestritten, sie war einfach ein Traum. Ein Traum, der unerreichbar war. Nachdem er kurz überlegt hatte, entschied er sich für das Höschen. Die Blondine mit ihrem pinkfarbenen Höschen hatte es ihm maßlos angetan. Der Arsch, der unter dem Stoff steckte, war perfekt für seinen Rüssel.

Er zog sich aus und legte sich auf sein Bett. Schon allein der Gedanke an die heiße Frau aus dem Internat und der weiche Stoff, den er in der Hand hielt, war ein geiler Cocktail der Lust. In seinen Gedanken stand er hinter der Blondine und rieb seinen harten Schwanz an dem geilen Stoff …

»Ui, bist du hart. Mach ich dich geil? Willst du mich nageln? Ich weiß nicht, ob ich das mögen würde.« Mit süßer Stimme sprach sie in seinen Träumen diese sündigen Worte. Sie schaute über ihre Schulter und zwinkerte ihm zärtlich zu. Sie roch wie eine Rose.

Konstantin schmiegte sich an ihren Körper. »Die Sonne knallt ganz schön vom Himmel. Ich glaube, du brauchst mehr Milch.«

»Von außen bestimmt nicht. Oder meinst du von innen? Du kannst ja mal versuchen, mich einzureiben.«

Ihr Höschen war leicht nass. Lag es an der Creme? Eher an ihrer Lust. Er drückte ihr von hinten seinen Kolben zwischen die Beine.

Plötzlich spürte er spitze Finger an seiner knüppelharten Speerspitze. Vorsichtig schob sie seine Vorhaut zurück. Dann legte sie ihre Fingerkuppen auf seine Eichel.

»Willst du gleich rein oder soll ich ihn noch etwas wichsen?«

»Wichsen«, brachte er in einem heiseren Tonfall der Lust heraus. Geil war kein Ausdruck für seinen Zustand. Konstantin kochte vor Erregung.

Langsam bewegte sie ihre Fingerspitzen auf seiner frei liegenden Eichel. Jede ihrer Bewegungen war ein Traum.

»Noch darfst du aber nicht kommen. Ich muss noch eingerieben werden, von innen.« Die junge Schönheit ergriff die Initiative und zog ihr Höschen zur Seite. Sie spreizte die Beine weiter und streckte ihm ihre heiße Kiste entgegen. Mit einem leisen Stöhnen führte sie sich seinen Stab tief in die Spalte. Sie war wunderschön warm und weich. Ihre Enge war kaum zu ertragen.

»Gefällt es dir, in mir zu sein? Ich lasse nicht jeden ran. Nur junge durchtrainierte Kerle, die ich liebe, dürfen mich haben.«

Konstantin fühlte sich so gut wie noch nie. Es war ein Traum, diese süße Maus zu nehmen. Langsam bewegte er sich in ihr.

»Ja, das ist gut. Mach es mir.« Lustvoll seufzte sie …

Mit einem leichten Stöhnen kam er und schmierte das Höschen seiner Schwester voll.

Für die nächsten zwei Stunden war er erleichtert.

Als er am späten Abend auf seinem Bett lag, dachte er an die Mädchen im Internat und insbesondere an die Blondine mit dem tollen Körper. Nur mühsam konnte er einschlafen.

***

Der nächste Morgen begann sonnig und Konstantin begrüßte den Tag mit einer gewaltigen Latte. In der zurückliegenden Nacht hatte er wenig Schlaf gefunden. Die tollen Frauen im Internat waren einfach zu heiß.

»Konstantin, du musst gleich los«, brüllte seine Mutter von der Treppe im Erdgeschoss in den ersten Stock.

Er schaute zur Uhr. Er war jetzt schon zu spät. Wie von der Tarantel gestochen, sprang er auf und fiel fast die Treppe herunter. An diesem Tag fand der Lauf des Jahres statt. Drei Mal musste der grüne See umrundet werden. Der Sieger erhielt eine Urkunde, auf die er natürlich scharf war. Für einen Sportler ging es nur um den Sieg, diesen Satz hatte ihm sein erster Trainer im Fußball eingetrichtert. Mittlerweile war es sein Leitspruch fürs Leben.

»Dein Frühstück ist fertig. Papa fährt dich, dann kannst du im Auto essen. Wir sind jetzt schon total stolz auf dich.«

Er liebte seine Mutter, sie war immer für ihn da und einfach eine wahnsinnig tolle Frau.

Mit laufendem Motor wartete sein Vater vor dem Haus. Grinsend schaute er seinen Sohn an. »Na, Großer? Wollen wir die Mädels beeindrucken?«

Auch sein Vater war eine coole Socke. Mit seinen Eltern konnte er über alles reden. Fast alles.

Als der Wagen vor der Schule zum Stehen kam, hatte er sein Müsli, den Apfel, die Banane und das Schokobrötchen schon gegessen.

»Danke, Paps. Bis heute Abend dann.«

»Tschüss, mein Sohn, und viel Erfolg.«

Björn wartete auf seinen Freund und lief schon nervös auf und ab. »Wo bleibst du denn? Wir wollen doch heute gewinnen.«

Wieder klatschten sich die Freunde ab und bereiteten sich auf den Lauf vor.

***

Das Rennen startete und sie lagen schnell vorn. Locker liefen sie am Internat vorbei. Björn blieb auf Höhe der Tartanbahn des Internats stehen. Eine Klasse des Internats trainierte dort gerade. Die Mädchen streckten ihre heißen Ärsche herrlich nach oben. Doch auch ihre Lehrerin war einfach nur heiß. Es war noch früh und die jungen Frauen trugen alle Leggins, die mal mehr und mal weniger blickdicht waren. Als die süßen Frauen ihre Hintern in die Höhe streckten, sah man ihre Unterwäsche oder erkannte an den Umrissen, was getragen wurde. Alles war vertreten. Höschen, String und Pantyhöschen.

»Was ist los?«, fragte Konstantin, der weiter auf der Stelle im Trab lief.

Björn zeigte in Richtung der Mädchen.

Konstantin klappte die Kinnlade herunter. Die Mädels sahen wie die perfekten Models aus und waren so sexy.

Mit offenem Mund starrten die Jungs zum Sportplatz.

»Wie gern wäre ich einer der Startblocks. Überleg mal. Ich würde sie mit meinem Ding so was von aufbohren, das glaubst du nicht. Schön von unten, direkt zwischen die Beine und durch die Leggins. Vor dem Start den Frauen schön eine Portion Sahne einschenken – was für ein Traum.«

»Ich habe noch eine bessere Idee. Die Mädels beim Bockspringen. Du bist der Bock, die süßen Dinger landen auf dir mit deiner riesigen Latte und springen ins Glück. Was für Aussichten oder besser Einsichten.«

Die zwei jungen Kerle lachten dreckig.

»Komm, wir müssen weiter.«

»Hast recht, Konstantin.«

Sie rannten weiter. Bis kurz vor Schluss lagen sie uneinholbar vorn und rannten Hand in Hand ins Ziel. Ja, sie waren Freunde und das hoffentlich für immer.

***

Am nächsten Tag machten sie wie immer ihre Runde um den See. Wieder blieben sie vor dem Internat stehen. Es war schon früher Abend und die Mädels gönnten ihren Luxuskörpern eine intensive Vitamin-D-Betankung. Halb nackt, nur in BH und kurzer Hose gaben sie sich den Vergnügungen der Ruhe hin.

»Wie im Paradies. Du musst nur eine der Blumen pflücken und sich mit ihr fortpflanzen.«

»Björn, du sprichst mir aus der Seele.«

Wie zwei Insassen eines Gefängnisses standen sie am Gitter. Nur dass die Insassen raus wollten und sie rein.

»Was meinst du? Wollen wir uns das Internat mal aus der Nähe ansehen?«, fragte Björn.

»Wie stellst du dir das vor?«

»Ganz einfach, mein Freund. Wir klettern über den Zaun und dann schauen wir uns um.«

»Das geht doch nicht. Bestimmt sind überall Wachen aufgestellt. Lass uns lieber noch etwas laufen. Vielleicht kommen wir so auf andere Gedanken.«

Die Freunde liefen los.

Half es? Nein. Konstantin lag am Abend wieder in seinem Bett und dachte über die Idee seines Freundes nach. Schlecht war der Gedanke ja nicht, aber wonach sollten sie suchen? Plötzlich fiel es ihm wie Schuppen von den Augen. Unterwäsche. Heiße und knapp geschnittene Wäsche, die er als geile Wichsvorlagen nutzen konnte. Sofort wurde sein Schwanz steinhart. Seine Vorliebe für getragene Wäsche war sein Geheimnis. Nur Björn wusste davon. Natürlich wäre die getragene Wäsche der eigenen Freundin die geilste Vorlage gewesen, aber er war Single, hatte erst eine Freundin gehabt – seine Klassenkameradin Jennifer Rille. Eine tolle junge, freizügige Frau. Der Sex war geil gewesen. Leider war sie fremdgegangen und er hatte sofort Schluss gemacht. Treue war für ihn in einer Beziehung sehr wichtig. Leider akzeptierte seine Ex die Trennung nicht und machte ihn überall schlecht. Seit diesem Erlebnis hatte er einfach kein Glück mehr bei Frauen gehabt. In der Schule schauten ihn die Mädels wegen Jennifer nicht mehr mit dem Hintern an und außerhalb der Schule hatte er noch keine Frau gefunden, die er toll fand.

Der Gedanke an verschwitzte Wäsche ließ ihm keine Ruhe. Genau erklären konnte er nicht, warum er auf Frauenunterwäsche stand, aber es geilte ihn halt auf.

Die ganze Nacht ließ ihm seine Geilheit keine Ruhe. Wieder wälzte er sich in seinem Bett und fragte sich, ob er wirklich mit Björn über den Zaun steigen sollte.

***

Am nächsten Tag diskutierten die Freunde wieder ihr Vorhaben. Konstantin hoffte auf eine Begegnung mit der Blondine mit dem perfekten Arsch, er konnte das süße Früchtchen einfach nicht vergessen. »Lass uns heute Abend einsteigen«, entschied er und konnte selbst nicht glauben, dass er diese Entscheidung wirklich getroffen hatte. Aber die Chancen waren einfach größer als die Risiken.

»Gut. Ich habe auf der Internetseite des Internats die Essenszeiten herausgefunden. Bis neunzehn Uhr ist Abendessen und ab zwanzig Uhr Ruhezeit.«

»Björn, du Detektiv.«

Am Abend machte sich das Duo auf den Weg. Es war ein sonniger Abend und noch ziemlich warm. Bereits kurz vor achtzehn Uhr standen sie vor den Gitterstäben, die Glück oder Unglück bedeuten konnten.

Sie waren beide nervös und von dem bereits sehr warmen Tag und den heißen Körpern ihrer Schulkameradinnen ziemlich aufgegeilt.

»Ich hoffe, wir können schöne Unterwäsche mitnehmen.«

»Konstantin, wie kannst du nur? Ich hoffe auf süße Schlampen beim Duschen. Ich bin schon so was von aufgeregt.«

»Und bestimmt geil.«

Konstantin grinste, wie immer traf sein Freund den Nagel auf den Kopf.

Einige Hundebesitzer kamen noch mit ihren Vierbeinern vorbei, so warteten sie noch einige Zeit. Kurz vor zwanzig Uhr war dann Ruhe.

Björn schaute seinen Freund an. »Lass uns rübersteigen.«

Der Zaun war für das sportliche Duo überhaupt kein Problem. Einen Augenblick später standen sie auf der anderen Seite des Zauns.

»Es riecht nach Frauen.«

»Konstantin, jetzt wo du es sagst, kann ich es auch riechen.«

Sie versteckten sich erst mal hinter einem Busch. Bis zum Haus waren es vielleicht sechshundert Meter.

»Hoffentlich hat uns keiner durch die breite Fensterfront gesehen.«

»Ich glaube nicht, Björn. Mich würde eh mal interessieren, was sich hinter den großen Fenstern versteckt. Vielleicht ein Speisesaal? Vor allem frage ich mich, warum die Front über zwei Etagen geht.«

»Lass uns näher ran.«

In gebückter Haltung näherten sie sich dem Gebäude. Eine gepflegte Buchsbaumhecke, die etwa einen Meter hoch war, gewährte ihnen Sichtschutz. Eins der Fenster war von innen beschlagen. Woran das wohl lag?

Nun trennten sie nur noch etwa dreihundert Meter vom Gebäude. Zwischen den Fenstern waren breite Stützpfeile mit rotem Klinkerstein verputzt. Der ideale Sichtschutz. Mit einem Hechtsprung und auf dem Boden kriechend erreichten sie die Pfeiler. Vorsichtig linsten sie um die Ecke und bekamen riesige Augen. Das Fenster war beschlagen, weil sich hinter dem Glas eine Schwimmhalle verbarg. Wunderschöne Mädchen in knappen Bikinis verwöhnten ihre Luxuskörper. Konstantin konnte es nicht fassen. Einige der Mädchen liefen oben ohne rum und offenbarten die gesamte Bandbreite von heißen Titten. Mal waren die Möpse etwas größer, mal etwas kleiner, mal hingen sie leicht und mal wippten sie im Takt der Schritte ihrer Besitzerinnen.

Die jungen Männer wurden mehr als geil. Die Lust am Zuschauen ließ ihre Gier nach Sex noch weiter ansteigen.

»Ich will unbedingt eine Trophäe mitnehmen.«

»Na klar, Björn. Komm, wir schleichen uns zur Eingangstür.«

Sekunden später erreichten sie die Tür. Zum Glück war sie nicht verschlossen. Mit einem breiten Grinsen und voller Vorfreude betraten sie das Gebäude.

Alles war vom Feinsten. Sie standen in einem mit roten Klinkern verputzten breiten Verbindungsgang, der in zwei Richtungen führte. Da sie nicht viel Zeit zum Überlegen hatten, entschieden sie sich spontan für eine Seite. Bald kamen sie an einer Zwischentür vorbei und erreichten offenbar einen Wohntrakt. Alle Türen hatten Nummern.

Plötzlich hörten sie Stimmen.

»Scheiße, lass uns in einer der Türen verschwinden.«

In ihrer Not riss Konstantin wahllos eine der Türen auf und zog seinen Freund hinein. Sie landeten ausgerechnet in einer Abstellkammer. Außer Bettzeug und Reinigungsmitteln gab es nichts Brauchbares. Wäre es wenigstens die Wäscherei gewesen.

Konstantin kniete sich an die Tür und schaute durch einen kleinen Spalt auf den Flur. Zwei hübsche junge Mädchen, die nur einen String und ein Pantyhöschen trugen, gingen direkt an dem Raum vorbei, in dem sie sich versteckt hatten. Die Geilheit in seiner Hose war nicht zu übersehen. De Mädels bewegten sich so lasziv und ungezwungen, dass er wieder nur an Sex denken konnte.

»Lass uns jetzt schnell in eins der Zimmer gehen und uns ein Andenken holen.« Konstantin hatte genug von der Aufregung. Die Gefahr, entdeckt zu werden, war einfach zu groß.

Wieder schlichen sie auf den großen und breiten Flur. Sie kamen an einem Getränkeautomaten vorbei und gelangten zu einer Treppe, die in den ersten Stock führte. Endlich entdeckten sie auch einen Wegweiser. Die Treppe führte zu den Zimmern der Mädchen. Bisher waren sie an den Lehrerzimmern vorbeigeschlichen.

Langsam stiegen sie die Treppe hinauf und landeten in einem weiteren Flur, von dem rechts und links Zimmer abgingen. Alle

Türen hatten die gleiche Farbe und waren ebenfalls mit Nummern versehen. Das Duo hatte keine Chance zu erkennen, was sich hinter den Türen verbarg. Bei den ersten Türen versuchten sie noch herauszufinden, ob sie irgendwie erkennen könnten, was sich auf der anderen Seite der Wand befand, waren aber nicht erfolgreich.

Wieder hörten sie Schritte und versteckten sich hinter einem Vorsprung im Flur. Ein junges Mädchen in einem goldenen Bikini kam ihnen entgegen und öffnete – glücklicherweise einige Meter von ihnen entfernt – eine der Zimmertüren. Wie gebannt schaute das Männerduo zu, wie die hübsche und attraktive Frau im Zimmer verschwand. Nach wenigen Augenblicken kam sie nur mit einem Handtuch um ihren Körper wieder heraus und entfernte sich in die Richtung, aus der sie gekommen war.

Konstantin schwitzte wie verrückt. Sein Atem ging schnell. »Björn, ich will diesen geilen Bikini. Los.«

Das Duo schlich sich zu dem Zimmer. Vorsichtig öffneten sie die Tür und traten auf Zehenspitzen in den Raum. Sofort fiel Björn der goldene Bikini auf, der achtlos auf einem der zwei Betten lag, die sich in dem Zimmer befanden. Konstantin griff nach dem Stoff und roch an dem noch warmen Höschen. Seine Aufregung verwandelte sich in Lust.

»Komm, wir müssen wieder los.«

»Nicht so schnell, meine Herren.«

Björn und Konstantin zuckten zusammen und drehten sich langsam um. Eine groß gewachsene Blondine, deren Körper an den interessanten Stellen mit einem Handtuch bedeckt war, schaute sie böse an.

»Das ist die heiße Blondine mit dem ultraheißen Arsch«, flüsterte Konstantin.

»Der geile Bock vom Zaun, der uns mit seinem Kumpel jeden Tag anschmachtet. Was macht ihr hier?« Ihr Ton war streng, sie klang sauer.

Die Männer schauten sich an. Keiner traute sich, etwas zu sagen. Doch es musste eine Lösung gefunden werden.

Konstantin atmete kräftig durch. »Hör zu. Wir waren neugierig und wollten einfach mal schauen, wie ihr hier so lebt. Wir Männer kommen hier ja nie rein, also haben wir uns überlegt, dass wir über den Zaun steigen und uns einfach mal umsehen.«

»Und uns die Bikinis klauen.« Sie zeigte auf den sündigen Stoff, den Konstantin in der Hand hielt.

Für einen Augenblick überlegte er, was er sagen sollte. Lügen brachte nichts mehr und würde sie wahrscheinlich nur noch mehr in Schwierigkeiten bringen. »Ja, ich wollte ein Andenken mitnehmen und da ich auf getragene Wäsche stehe …«

»Konstantin«, fuhr Björn ihn von der Seite an.

»Was soll ich ihr sagen? Ich habe zufällig daran gerochen? Die hält mich doch für noch bescheuerter, wenn ich ihr sage, dass ich die Wäsche für meine Freundin haben wollte.«

Die Blondine verschränkte die Arme vor der Brust und lehnte sich lasziv gegen die Badezimmertür. Ein Bein winkelte sie sexy an, sodass ihre zarten Schenkel noch besser zur Geltung kamen. »Tja, was mache ich jetzt mit euch?«

In diesem Augenblick ging die Tür auf. »Schatz, ich brauche dringend neue Slipeinlagen, ich bin irgendwie …« Die brünette Schönheit, die gerade hereingekommen war, brach mitten im Satz ab. Die jungen Männer schauten gierig auf ihre Hupen, die vom Feinsten waren. Wohlgeformte heiße Brüste, mit großen Vorhöfen und winzigen Nippeln.

»Schatz, wir haben Besuch. Das sind …«

»Mein Freund heißt Björn und ich bin Konstantin. Mit wem haben wir das Vergnügen?«

»Ich bin Isabel und das ist meine Freundin Viola.«

Die Brünette schien sich wieder gefangen zu haben und fragte: »Was machen die Jungs hier?«

»Die geilen Böcke wollten einbrechen und uns beklauen.«

»Bitte, verratet uns nicht. Es ist doch gar nichts passiert«, flehte Björn.

Viola ging zu ihrer Freundin und riss ihr das Handtuch vom Leib. Die jungen Kerle staunten nicht schlecht. Ein Tattoo zierte Isabels Becken oberhalb ihrer Spalte. Ein Engelchen verschönerte die rechte Seite ihrer Perle, auf der linken prangte ein Teufelchen. Die junge Stute war grandios tätowiert.

»Wenn es Einbrecher sind und wir sie überrascht haben, dann sind die Jungs doch sicher böse auf uns. Und was machen sie, wenn sie von wehrlosen, attraktiven, sexgeilen Mädchen überrascht werden? Sie ficken ihre Opfer.«

Isabel grinste.

Auch die Jungs schauten sich an.

»Die Kleine hat recht.« Björn hatte die Worte kaum ausgesprochen, als Viola ebenfalls das Handtuch fallen ließ.

Die nackten Mädchen schubsten die Jungs auf die Betten.

»Jetzt wollen wir eure knallharten Schwänze sehen.« Isabel hauchte diese Worte mehr, als dass sie sie aussprach.

Schon spürte Konstantin warme Frauenhände, die die Knöpfe seiner Hose öffneten und den zuckenden Aal zwischen seinen Beinen befreiten. Lustvoll zog die süße Blondine die Vorhaut zurück und leckte über seine nasse Spitze. Bevor er etwas sagen konnte, verwöhnte sie seine prall gefüllten Säcke.

»Schatz, hat dein Lover auch so dicke Eicher wie meiner?«

»Keine Ahnung, ich fass mal an.« Die sündige Viola nuschelte nur, weil sie Björns Riemen schon tief im Mund hatte.

Konstantin wurde noch geiler, als er den breiten Mund sah, in dem der Schwanz seines Freundes verschwand. »Ich will auch.«

»Du wirst jetzt erst einmal von mir geritten. Ich war schon geil, als ich dich am Zaun gesehen habe.« Isabel schwang ihr Becken auf Konstantins Leib und schob sich seinen Pinsel in die Röhre. »Ah, endlich wieder einen Schwanz und dann auch noch so einen großen Pimmel. Herrlich!«

Die Wärme ihrer Spalte, mit der sie seinen Stab umschloss, fühlte sich wunderschön an. Er fasste der heißen Blondine an den Arsch und knetete ihre vollen Backen. Ihre Haut war so weich und zart.

»Bitte nicht so doll«, hauchte Isabel ihrem Lover verführerisch ins Ohr, dabei senkte sie ihren Oberkörper und schmiegte sich wie eine Katze an ihren Besitzer. »Ich habe die letzten Nächte häufig an dich gedacht und es mir dabei selbst gemacht.«

Diese Worte waren Musik in Konstantins Ohren. Mit den Fingerspitzen strich er durch ihre Arschritze. Isabel zuckte leicht zusammen, als er ihre Rosette streichelte. Sie schaute Konstantin tief in die Augen. Er öffnete den Mund und wartete auf die Reaktion seiner Sexpartnerin, die nicht lange auf sich warten ließ. Eine warme Zunge schob sich in seinen Mund und führte zu einer Geschmacksexplosion. Isabel schmeckte köstlich. Intensiv küssten sie sich. Aus den Augenwinkeln schaute er zu seinem Freund, der mit verdrehten Augen und einem breiten Lächeln auf dem Bett lag.

»Viola ist eine französische Meisterin. Soll ich noch mehr ausholen?«

»Nein, ich sehe das Ergebnis.«

Isabel richtete sich auf und drückte ihr Becken durch, dadurch kamen ihre geilen Titten noch besser zum Vorschein. Langsam begann sie, Konstantin zu reiten. Lustvoll stöhnte er auf, streichelte ihre Brüste und dann wieder ihren Arsch. Nun beugte sie sich leicht zu ihm nach vorn und stützte sich links und rechts von ihm mit den Händen ab.

»Küss meine Titten. Wir haben im Hausfrauenunterricht das Stillen geübt.«

Konstantins Schwanz explodierte regelrecht bei Isabels Worten. Wie reife Äpfel an einem Baum lagen oder besser wackelten ihre Hupen vor seinem Gesicht. Zärtlich drückte er ihre Brüste zusammen und begann, lustvoll an den harten Knospen zu saugen. Isabel seufzte leise. Machte er es ihr gut? Konstantin war für einen Augenblick unsicher, aber als sich Gänsehaut über ihren Hügeln bildete, wusste er, dass er ihre Lust weiter steigerte.

Inzwischen hatten Björn und Viola die Position gewechselt. Sie lag mit weit gespreizten Beinen auf dem Bett, sein Freund kniete zwischen ihren Schenkeln und fickte sie geil durch.

»Ja, mach es mir, du geiler Hengst.«

»Wenn sie so dreckige Worte in den Mund nimmt, dann macht dein Freund es ihr gut«, erklärte Isabel.

»Ich liebe deine Erklärungen. Machst du es mir mit dem Mund?«, fragte Konstantin.

»Hi, mein Lover wird mutiger. Ich habe mit Viola das Saugen an einem Dildo geübt. Jetzt bin ich gespannt, ob es was gebracht hat.« Isabel rutschte zwischen seine Beine.

Konstantin spürte ihren Atem an seinem steinharten Bolzen. Wie ein Schlauch rutschte ihr Mund über seinen Pimmel und nahm ihn tief auf. Er stöhnte laut vor Lust und biss sich auf die Hand. Ihr Kopf bewegte sich rhythmisch. So viel Liebe und Zärtlichkeit hatte er bei einem Blowjob noch nie erlebt. Das war keine schnelle Nummer, damit er kam, es war Liebe. Mit der Zunge umspielte sie seine Eichel sowie den Schaft und strich über die Länge seines Riemens. Was gab es Schöneres? Eine warme Muschi. Viola kniete sich auf sein Gesicht und ließ ihre Lust in seinen Mund tropfen. Björn wiederum kniete sich hinter Isabel, zog ihre Schenkel auseinander und vergrub von hinten sein Gesicht in ihrer Spalte.

Die vier ließen es krachen. Konstantin schob zwei Finger in Violas triefende Fotze und züngelte an ihrer jetzt offenstehenden Scham.

»Ich halte das nicht mehr aus. Es ist so geil.« Viola schrie diese Worte so laut, dass Isabel den Kopf hochnahm und ihrer Freundin eine Ohrfeige verpasste.

»Spinnst du? Wenn das hier jemand mitbekommt, sind wir dran.«

»Tut mir leid, aber er ist so gut.«

»Das weiß ich. Was meinst du, warum ich ihn glücklich mache?«

Bevor Viola antworten konnte, hatte Isabel ihr Gesicht schon wieder zwischen Konstantins Schenkeln vergraben und machte es ihm weiter mit dem Mund.

Warme Hände packten Violas Schenkel und zogen sie auf Konstantins Mund. Gierig steckte er seine Zunge in Violas halb geöffnete Spalte. Sofort fand er ihren Kitzler. Das war das, was er wollte. Wie ein Hund, der spielen will und sich auf einen Ball stürzt, spielte er mit ihrem hart geschwollenen Kitzler.

»Er ist so unfassbar gut«, brachte Viola heraus, bevor sie sich selbst eine Hand vor den Mund hielt. Eine Wasserwand der Geilheit überflutete sie und spülte ihre Lust davon. Ihre Perle zuckte wild, während Konstantin zum ersten Mal eine Muschi mit der Zunge fickte, die gerade kam.

Isabel kämpfte ebenfalls mit sich, was ihr Stecher an ihren unrhythmischen Bewegungen spürte. Kurz schaute er auf und grinste. Björn leckte sie so gut, dass ein Wasserfall aus ihrer Möse floss.

»Du läufst gerade aus.«

»Danke, spüre ich natürlich nicht. Schatz, kannst du dich bitte wieder um deinen Kerl kümmern? Ich will meinen jetzt richtig glücklich machen.«

Konstantins Aal frohlockte bei diesen Aussichten.

Viola stand auf, dabei lief ihr die Suppe nur so an den Beinen herunter. Sie packte Björns Schwanz und zog ihn neben ihre Freundin und Konstantin. »Mach es mir von hinten.« Sie kniete sich doggy hin und lud Björns Schwanz dazu ein, es ihr von hinten zu machen. Er packte sie an den Hüften und knallte sie tief von hinten.

»Du schaust so geil zu. Willst du mich auch von hinten haben?«, fragte Isabel.

Welcher Mann würde bei dieser Frage Nein sagen? »Wenn es für dich okay ist? Gern.«

»Wenn es für mich okay ist? Was ist das für eine Frage? Meinem Freund tue ich gern den Gefallen.«

Isabel erhob sich und Konstantin auch. Die hübsche Blondine kniete sich neben ihre Freundin und präsentierte ihren perfekten Arsch. Lustvoll kniete er sich hinter sie und streichelte über ihre schönen elastischen Backen. Anschließend setzte er an und fühlte, wie sich ihr junges Fleisch um seinen Muskel zusammenzog.

»Lass uns die Mädels im Takt nehmen.« Björns Stimme war dünn und von Lust getrieben.

Sie bumsten die Mädels in derselben Geschwindigkeit.

»Ich will deine Lippen spüren.« Isabels Stimme war nicht minder von Gier und Lust geprägt als die von Björn. Die jungen Frauen tauschten heiße Lesbenküsse aus, während sie heiß von hinten penetriert wurden.

Konstantin griff nach Isabels heißen schwingenden Titten und zwirbelte ihre Knospen.

»Ja, das ist gut. So schön. Es kommt mir«, seufzte Isabel.

Sie zuckte, wie Konstantin es noch nie bei einer Frau gesehen oder gespürt hatte. Ihre Spalte melkte sein Rohr fast schon. Diesem intensiven Druck auf seinen Muskel konnte er sich nicht entziehen. Seine kochende Brühe knallte durch seine Harnröhre und wurde in ihre klitschnasse Fotze gepumpt.

Björn schaute begeistert zu und legte jetzt noch intensiver los. Mit wilden Stößen fickte er »seine« Viola, wie er noch nie eine Frau genommen hatte. »Ich mach dich auch voll.«

In dem Moment verdrehte Viola die Augen und wimmerte laut. Björn keuchte wie ein Pferd, das gerade stundenlang galoppiert war.

Es dauerte einige Augenblicke, bis sich alle vier wieder gesammelt hatten. Der Anblick der zwei besamten Fotzen war ein Traum. Weiße Spermatropfen und durchsichtiger Schleim in trauter Zweisamkeit. Dazu kam noch, dass die Mädels unten offen waren.

Nach der geilen Nummer wurde noch lange gekuschelt. Anschließend besiegelten die vier in der Dusche ihre Partnerschaft.

***

Gegen fünf Uhr in der Früh schloss Konstantin leise die Haustür auf. Es wurde schon hell und er hoffte sehr, dass seine Eltern noch schliefen. Auf Zehenspitzen kam er an der Küche vorbei.

»Kommt mein Bruder auch noch mal?«

Konstantin zuckte zusammen und legte den Finger auf den Mund. »Pst, nicht so laut.«

»Was hast du in der Hand?« Neugierig riss sie ihm den Stoff aus der Hand und schaute ihn an. »Ein Bikini, in Pink. Teuer. Sieht gut aus. Von wem ist der?«

»Von Isabel, meiner Freundin.« Er riss ihr den Stoff aus der Hand und schlich in sein Zimmer. Mit dem sündigen Stoff an seinem Schwanz schlief er glücklich ein.

DIE KLEINE VERSAUTE BITCH

Jennifer stand mit ihren zwei Koffern und einem großen Rucksack vor dem großen Gebäude, das so gar nichts von einem Mädcheninternat hatte. Das großzügige dreigeschossige Haus mit vielen Glaselementen sollte ihr neues Zuhause werden, zumindest bis zum Ende des Schuljahres. Es war bereits das dritte Internat, das sie besuchte. Aus den anderen beiden Einrichtungen war sie rausgeflogen. Nun ja, was konnte sie dafür, wenn die Jungs sie immer wollten und sie auch immer eine große Lust in sich spürte? Auch für Lehrer, die auf Schülerinnen standen, konnte sie nichts.

Seufzend nahm sie ihre Koffer und überquerte die Straße. Über dem Eingangstor stand in großen Buchstaben »Mädcheninternat Michaelsen«. Das Areal wurde von einer hohen Mauer geschützt, dahinter wuchs eine große Hecke. Die grünen Spitzen schauten über die Mauer und so sah Jennifer, dass sich die Hecke wie auch die Mauer um das ganze Grundstück zogen. Am Tor stand ein Wachmann. Warum das Internat so bewacht wurde, konnte sie sich nicht erklären, es war im Augenblick aber auch egal.

Sie zückte ein Blatt Papier und ging zu dem Wachmann.

»Sie wünschen?«, fragte dieser freundlich.

»Mein Name ist Jennifer Rauschinski. Ich bin eine neue Schülerin.«

Der Wachmann schaute sich das Schreiben an, das die hübsche schwarzhaarige Frau ihm reichte. »Ja, Sie wurden mir bereits angekündigt. Gehen Sie zum Haus. Direkt neben der Eingangstür ist die Anmeldung.«

»Vielen Dank.«

Jennifer musste etwa sechshundert Meter zurücklegen, bevor sie das Gebäude erreichte. Erst jetzt sah sie, wie groß das Haus wirklich war. Es erstreckte sich auf einer Länge von bestimmt zweihundert Metern. Im unteren Bereich bestand die Fassade aus gemauertem Stein, im ersten Stock war Holz verbaut worden. Etwas futuristisch sah es schon aus.

Durch eine moderne Drehtür betrat sie das Haus. Nun gelangte sie in eine große Halle, die an die Lobby eines Hotels erinnerte. Ein Schild deutete in Richtung Empfang. Wie in einer Jugendherberge stand auf einem Tresen eine Klingel.

Jennifer grinste. Jugendherberge war das passende Wort. Gern dachte sie an ihr letztes Weihnachtsfest zurück, das sie mit einer

Freundin und ihrem Freund verbracht hatte. Sie waren eingeschneit worden und mit einer bunten Mischung an Menschen einige Tage festgesessen. Man hatte sich die Zeit mit sexy Spielen vertrieben, allen voran Wahrheit oder Pflicht. Vor allem, was sich rund um das Spiel entwickelt hatte, war interessant. Doch das gehörte der Vergangenheit an.

Sie schlug auf die Klingel. Ein junger Mann mit gelockten Haaren schaute etwas mürrisch um die Ecke. Als er Jennifer sah, änderte sich sofort seine Stimmung und er trat mit einem zauberhaften gierigen Lächeln hinter den Tresen. Sie spürte seine Blicke auf ihrem Dekolleté. Tja, ihre heißen Titten waren halt etwas ganz Besonderes. Der Ausschnitt ihres mintgrünen Kostüms war schon sehr tief, aber sie konnte es sich leisten. Sie selbst bezeichnete ihren heißen Körper als curvy und so waren ihre süßen Bälle recht groß. Dick war sie nicht, aber bei ihr hatte man etwas in der Hand, was man auch an ihren Maßen ablesen konnte. Einhundertfünf – fünfundsiebzig – einhundert. Bisher hatte sie nur gute Erfahrungen mit ihren Kurven gemacht. Es gab viele heiße Typen, die das an einer Frau schätzten, und so erlebte sie häufig ziemlich geilen und derben Sex. Sie wurde gern etwas härter angefasst.

»Was kann ich für Sie tun?«

Die Frage des jungen Mannes holte sie aus ihren Gedanken zurück. »Meine Eltern haben mich hier angemeldet.« Sie reichte den Zettel, den sie bereits dem Wachmann gezeigt hatte, nun auch ihrem Gesprächspartner.

Während er die Zeilen überflog, schaute Jennifer auf sein Namensschild. »Herr Hauschild? Arbeiten Sie nur hier oder wohnen sie auch hier im Internat? Verstehen Sie mich nicht falsch, aber das hier ist doch ein Mädcheninternat.«

Der Herr grinste sie an. »Ich bin der Sohn der Direktorin und helfe hier regelmäßig aus. Nein, ich wohne nicht hier und ich bin vergeben.« Bei diesen Worten lächelte er übers ganze Gesicht.

Sie musterte ihn intensiver. Er war schlank und hatte sehr süße Grübchen im Gesicht. Die Nase war ziemlich spitz und sie fragte sich, was sich sündige Mädchen in so einer Situation immer fragen: War seine Nase ein Hinweis auf die Größe seines Riemens?

»Ich weiß, was Sie jetzt denken. Achtundzwanzig Zentimeter. Meine Freundin und ich sind zufrieden.«

»Ist sie auch eine dreckige Dreilochstute, die sich gern vor Publikum ficken und dann voll besamt fotografieren lässt, damit ihr Lover die Bilder an seine Freunde schicken kann, die dann wissen, was für eine geile Sau ihr Freund hat?«

Dem jungen Mann hinter der Rezeption stand der Mund offen.

Sie liebte es, wenn Männer sprachlos waren. Es erregte sie sehr, wenn sie die Siegerin solch sündiger Gespräche war.

»Treppe hoch, drittes Zimmer rechte Seite«, stotterte er.

»Danke, wenn du das erleben willst, dann sei schön brav.« Sie grinste ihn an und folgte dann seinen Anweisungen.

Schnell fand sie das Zimmer und klopfte höflich.

»Herein.« Die Stimme klang hell und freundlich. Hoffentlich verbarg sich keine Spaßbremse dahinter.

Jennifer öffnete die Tür. Eine junge Frau mit kurzen blonden Haaren stand in einem String vor ihrem Bett und schaute neugierig zur Tür.

»Hallo, ich bin Jennifer.« Sie betrat das Zimmer und schloss hinter sich die Tür.

»Hi, ich bin Daniela und ich bin nackt.«

Jennifer musterte Danielas Körper. »Ja, und was ich sehe, ist ziemlich heiß.«

»Bitte, meine Titten sind ziemlich klein, mein Arsch zu spitz und ich bekomme keinen Schwanz quer in den Mund.«

Jennifer lachte laut los. Daniela nur wenige Sekunden später.

»Ist das dein Ernst?«, fragte Jennifer.

»Nein, das war ein Scherz. Es gibt Gerüchte, dass du eine kleine versaute Bitch bist.«

Jennifer war ziemlich begeistert vom Körperbau ihrer Zimmernachbarin. Sie stand total auf flachbrüstige Frauen und Daniela war so eine Frau. Ihre Brüste bestanden nur aus Nippeln und einer winzigen Hautfalte. Dazu kamen ein flacher Bauch, ein wirklich spitzer Arsch und schmale Lippen.

Jennifer wusste schon, wozu sie Daniela benutzen könnte, doch dafür war es viel zu früh. »Ich habe gern Sex.« Was sollte sie auch sagen? Ich bin rausgeflogen, weil ich mit anderen Schülerinnen, Schülern und mit einem Lehrer gefickt habe? Nein, so billig wollte sie sich auch nicht darstellen.

Daniela umarmte ihre neue Kollegin. Die blonde Frau mit den strubbeligen Haaren roch gut. Jennifer streichelte ihr vorsichtig über den Arsch.

»Na, na, noch kennen wir uns ja gar nicht.«

»Noch nicht.«

Daniela riss ihr einen der Koffer aus der Hand und legte ihn auf das bezogene Bett. »Hier ist dein Platz. Der Schrank neben dem Bett ist für deine Klamotten.« Sie griff zu einem T-Shirt und zog es sich über. Dann schaute sie zur Uhr. »Es gibt jetzt Essen. Lass uns in den Speisesaal gehen.«

»Willst du dir keinen BH anziehen?«, fragte Jennifer.

»Legst du einem Dackel das Hundegeschirr eines Schäferhundes an?«, frage Daniela zurück.

Jennifer brach wieder in schallendes Gelächter aus. So einen Spruch hatte sie noch nie gehört. »Der war gut. Ich glaube, dass wir eine Menge Spaß haben werden.«

»Zumindest werden wir uns nicht um die Unterwäsche streiten.«

Danielas bissiger Kommentar gefiel Jennifer sehr.

Die beiden gingen in den Speisesaal. Der Raum war groß, mindestens fünfzehn Tische standen aneinandergereiht im Raum. Beide holten sich ihr Essen und setzten sich etwas abseits.

»Warum ist hier ein Wachmann?«, fragte Jennifer.

»Wir liegen hier ziemlich zentral und damit hier keine Jungs zu Besuch kommen, gibt es halt Wachen.«

»Auch in der Nacht?«

»Ja, die Internatsleitung gibt dafür viel Geld aus. Die Direktorin ist ein wirklicher Überwachungsfetischist, aber dafür kann man total gut mit ihr reden. Die ist menschlich in Ordnung.«

»Schön, ich hatte bisher immer nur schwierige Direktorinnen.«

Zwei weitere Mädchen gesellten sich zu dem Duo.

»Hallo Daniela, ist das unser Neuzugang?«

»Ja, darf ich vorstellen? Das ist Jennifer und das sind Julia und Henriette.«

Jennifer musterte die beiden. Julia war eine asiatische Schönheit, die mit ihren kurzen schwarzen Haaren und länglichen Augen sehr exotisch aussah. Sie trug ein bauchfreies Top, dazu eine Jogginghose. Für eine Asiatin waren ihre Titten auffällig groß. Jennifer schätzte die Hupen auf mindestens fünfundsiebzig D. Henriette war eine blasse Schönheit mit roten Haaren. Ihr Körper war ziemlich sexy. Wer auf schlanke, aber nicht dünne Frauen stand, war bei Henriette genau richtig. Ihre langen roten Haare waren zu einem sportlichen Zopf gebunden. Er reichte ihr bis zum Arsch, der übrigens ziemlich breit war. Sie trug einen langen Wickelrock und ein blaues T-Shirt. Ihre Titten entsprachen genau einer Handvoll. Eine gute Mischung.

»Ich bin Jennifer.«

»Wie du siehst, ist Julia unsere exotische Schönheit und Henriette unsere feine Dame.«

»Warum ein deutscher Name?«, fragte Jennifer direkt.

»Meine Eltern haben mich adoptiert und da sie der Meinung waren, dass ein chinesischer Name zu kurz wäre, haben sich mich einfach Julia genannt.«

»Ah ja, die lieben Eltern.«

Jennifer hatte gleich ein gutes Bauchgefühl bei den beiden jungen Frauen. In dem Augenblick kam der Mann von der Rezeption vorbei. Die drei Mädels schauten ihm sehnsüchtig hinterher. In seiner engen blauen Jeans sah sein Arsch total knackig aus.

»Schaut euch diesen Arsch an. Wenn ich könnte, dann würde ich mich liebend gern um seinen harten nassen Schwanz kümmern.«

Offenbar hatte Daniela wohl lange keinen Schwanz mehr genossen. Doch auch Henriette und Julia schienen voller Lust zu sein.

»Was ist mit euch?«, fragte Jennifer.

»Wenn du länger hier bist, dann wirst du auch nach jedem Schwanz schauen, der sich hier im Internat aufhält.«

Jennifer wusste, was Henriette meinte. In ihrem letzten Internat hatte sie selbst erlebt, wie scheiße es war, zwei Wochen ohne Sex überstehen zu müssen.

***

Die vier besuchten die gleiche Klasse und verstanden sich in den nächsten Tagen immer besser.

»Was kann man hier an den Abenden so machen?«, fragte Jennifer, als die vier Mädels den dritten Abend in Folge in einem der Freizeiträume die Zeit totschlugen und zum zehnten Mal Billard spielten.

»Das ist unser Alltag. Wie hängen hier rum und spielen etwas. Billard geht immer und Kartenspiele auch.«

»Das mit dem Billard wird irgendwann langweilig. Lasst uns doch Karten spielen. Wer verliert, muss ein Kleidungsstück ablegen.«

»Eine geile Idee, aber nicht mehr heute Abend. Es ist schon spät.«

»Ja, da hast du recht, in einer halben Stunde ist Bettzeit. Lasst uns doch am Freitagabend zum Kartenspielen treffen. Wir ziehen uns sexy an und wer zuerst nackt ist, muss eine Aufgabe erfüllen.«

Die vier schauten sich an. Niemand sagte etwas.

»Ich will eure Fotzen sehen!« Julia grölte diese Worte so laut, dass andere Mädels sie fragend anschauten. Die vier attraktiven Frauen lachten laut los.

Die nächsten drei Tage war es das Gesprächsthema des Quartetts. Daniela surfte im Netz, was das Zeug hielt, um Tricks rund um das vereinbarte Spiel zu finden. Julia telefonierte ihre Freundinnen ab und Henriette sprach mit ihren Eltern, die sogar einen Privatlehrer organisierten, damit sie das Spiel lernte.

***

Schließlich kam der Freitagabend. Wie in einem Kinofilm saßen die vier an einem runden Tisch. Sie hatten Alkohol besorgt, eine große Knabberbox stand ebenfalls vor ihnen. Alle hatten sich sexy angezogen. Das Spiel begann. Es wurde »Siebzehn und vier« gespielt. Die erste Runde verlor Henriette. Unter dem leisen Kichern ihrer Freundinnen zog sie ihre Bluse aus, unter der ein fleischfarbener BH zum Vorschein kam.

Jennifer schaute lüstern auf Henriettes helle Titten. Sie war erst einige Tage im Internat, aber die heißen Mädels erregten sie sehr.

Das Spiel ging weiter. Als Nächstes verlor Jennifer. Sie zog sich den ultrakurzen Rock aus, unter dem sie halterlose Strümpfe und einen weißen String trug. Daniela fasste ihr an den kurvigen Arsch, als sie sich wieder setzte.

Jennifer warf ihrer Zimmerkollegin einen fragenden Blick zu.

»Ich bin irgendwie geil auf dich«, sagte Daniela trocken.

Henriette und Julia lagen vor Lachen halb unter dem Tisch.

»Ich blas dir heute noch den Hobel. Ach so, ich meinte natürlich, dass ich dir noch deine süße Mumu lecken werde.« Jetzt lag Daniela unter dem Tisch und hielt ihren Bauch vor Lachen.

Jennifer liebte die Offenheit in der Gruppe. Es ging so locker und entspannt zu, wie es nur unter Frauen der Fall war.

Die Zeit verging und die Frauen zogen immer mehr Sachen aus. Salzstangen machten die Runde.

»Stört es euch, wenn ich mir eine Stange unten reinstecke? Ich bin total feucht. Ihr macht mich alle so geil.« Henriette machte ein gequältes Gesicht.

Jennifer schaute ihr gierig zwischen die Beine. »Unsere Stute läuft gerade aus. Ich stimme dafür, aber nur, wenn wir zuschauen dürfen.«

Das Lachen in der Gruppe wurde immer hemmungsloser und gieriger.

Henriette griff nach den Salzstangen und schob sich einige unten rein. »Ah, das ist gut. Ich brauche einen Schwanz.« Sie schloss die Augen und fickte sich mit der salzigen Knabberei. Neugierig schauten ihr die anderen zu. »Die Salzkristalle sind das Beste.« Mit schnellen Bewegungen fickte sie sich. »Ah, jaaa.« Henriette verdrehte die Augen und gab sich einem heißen Höhepunkt hin.

Nachdem sie sich wieder gefangen hatte, schauten sich die Frauen an. Eine ungeheure Spannung lag in der Luft. Es knisterte und das nicht zu knapp.

Jennifer nahm den letzten Schluck Bier aus ihrer Flasche. »Mädels, was meint ihr? Wir könnten Wahrheit oder Pflicht spielen.«

Daniela grinste ihre Freundin an. »Ich finde die Idee gut und stimme zu.«

Henriette und Julia waren auch dabei. Man zog sich auf das Zimmer von Jennifer und Daniela zurück. Bald saßen die vier im Schneidersitz im Kreis. Die leere Bierflasche lag in der Mitte.

»Ich fange an. Die Spielregeln kennt ihr ja. Wahrheit bedeutet, dass ihr die gestellte Frage wahrheitsgemäß beantworten müsst. Bei Pflicht müsst ihr eine Aufgabe erledigen. Jetzt drehe ich die Flasche.« Sie tat es, der Flaschenhals zeigte auf Henriette.

»Ich nehme Wahrheit.«

»Wie du meinst. Hast du es schon mal mit einem eurer Diener getrieben?«

Henriette biss sich auf die Lippe. Was für eine intime Frage. Die Mädels schauten sie an.

»Ich warte.« Jennifer wollte das Spiel bewusst in diese Richtung lenken. Sie war geil und bekäme vielleicht an diesem Abend die Chance, ihre Lust zu befriedigen.

»Ja, habe ich. Es war in den großen Ferien. Olaf ist unser ältester Angestellter. Seit mehr als zwanzig Jahren arbeitet er schon bei uns. Er hatte schon einige Male bei uns übernachtet und dabei hatte ich mal sein Ding gesehen. Er hat einen Megaschwanz. Ich war geil und hatte nichts zum Spielen. Auf junge Männer hatte ich keine Lust und es war auch keiner zur Hand. Die Nacht war warm und ich maßlos geil. Niemand war zu Hause. In einem kurzen, tief ausgeschnittenen Nachthemd betrat ich das Frühstückszimmer. Ich wusste schon lang, dass er auf mich stand. Na ja, dann kam eins zum anderen. Er servierte mir Spiegeleier und schaute mir dabei auf die Titten. Keine Ahnung, was mich getrieben hat, aber ich habe ihm zwischen die Beine gefasst und seinen harten Schwanz gefühlt. Gierig holte ich seinen Riemen aus der Hose und nahm ihn in den Mund. Sein Teil war so herrlich groß. Ich habe den Bolzen fast nicht reinbekommen. Lustvoll stöhnte er auf. Der Riemen in meinem Mund zuckte wild und schmeckte salzig. Es war schön schmutzig. Als er immer lauter seufzte, habe ich mich auf den Stuhl gekniet und ihm meinen Arsch entgegengestreckt. Erst zögerte er. Ich habe ihn angelächelt, ihm gesagt, dass ich gern seine Eier entsafte, und mit dem

Arsch gewackelt. Da packte er mich und rammte mir seinen Schwanz rein. Ihr könnt euch gar nicht vorstellen, wie geil sich der Rüssel in mir anfühlte. Er rammelte mich brutal und es war geil. Wie ein Tier schnaufte er, während er mich auf dem Stuhl hämmerte. Ich habe geschrien und gestöhnt. So geil war ich noch nie gewesen. Er hörte nicht auf. Plötzlich kam es mir. Es fühlte sich an, als würde eine Haiflosse das Wasser scheiden, so fickte er mich in zwei Teile. Ich habe in den Stuhl gebissen, weil es mir so geil kam. Danach bumste er mich weiter. Inzwischen waren seine Hände vor Geilheit nass, doch seine Ausdauer war enorm. ›Endlich kann ich es dir besorgen, du Hure!‹, hat er gebrüllt, als er in mir kam und mich schmierte. Seine Beleidigung war einfach nur schön. Ich habe mich so was von schmutzig gefühlt. Als er in mich spritzte, bin ich noch mal gekommen. Ich habe noch nie so viel Sperma bekommen.«

Unter den Frauen herrschte Stille.

»Scheiße, ich brauche eine Slipeinlage.« Daniela stand auf und ging ins Bad. Als sie wiederkam, hatte sie ihr Höschen ausgezogen und Toilettenpapier in der Hand. »Ich glaube, dass ich heute noch gewaltig schleimen muss.«

Henriette nahm die Flasche und schaute in die Runde: »Wollen wir weiterspielen? Wer dafür ist, hebt die Hand.«

Jennifer war sofort dabei, Daniela auch und schließlich hob auch Julia die Hand. Henriette drehte die Flasche. Der Hals des Glaskörpers zeigte auf Julia.

»Wahrheit oder Pflicht?«

»Ich nehme Pflicht.«

»Gut. Ich will, dass du es dir mit dem Flaschenhals selbst machst und dir einen geilen Fick vorstellst. Du wirst uns alles erzählen.«

Julia schluckte. Was für eine geile Pflicht. Die asiatische Schönheit zog ihren BH aus. Zum Vorschein kamen zwei herrlich große Brüste. Die Dinger hatten die Schwerkraft erfolgreich verbannt.

Sie waren schön rund und fleischig. Als Nächstes zog sie ihren String aus. Ihre Pussy war mit einem winzigen schwarzen Streifen bedeckt, die Scham war leicht gewölbt. Sie nahm die Flasche und leckte lasziv über den Flaschenhals.

»Ich stelle mir vor, dass ich in einen Club gehe, in dem eine geheime Party stattfindet. Es ist ein dunkles, schäbiges Viertel. Ich bin viel zu sexy angezogen. Ein kurzes Glitzerkleid bedeckt meinen Körper. Darunter trage ich einen String mit Schlitz über meiner Spalte. Musik ist zu hören. Vor dem Eingang stehen zwei Typen, die mich anstarren, als käme ich aus dem All. Ich betrete den Club. Künstlicher Nebel wabert am Boden, grünes Neonlicht erhellt den Raum. Bis zum Tresen sind es einige Meter, diese lege ich mit einer unglaublichen Lust in mir zurück. Einige dubiose Männer stehen am Tresen. Alle stammen aus der Technoszene. Einer hat lange blaue Haare, ein anderer trägt eine Art Raumanzug, der dritte nur eine Jeans. Ihre Blicke geilen mich auf. Provozierend lehne ich mich weit über den Tresen. Mein kurzes Kleid rutscht nach oben. Die Typen schauen mir billig unter das Kleid.«

Julia führte die Spitze der Flasche zu ihren vollen Brüsten. Ihre Nippel waren steinhart. Mit dem durchsichtigen Glas spielte sie an ihren Nippeln, dann wanderte das kalte Glas über den Bauchnabel zu ihrer Spalte. Liebevoll spielte sie an ihren Schamlippen.

»Erzähl doch weiter. Wir wollen wissen, was die Kerle mit dir weiter gemacht haben.« Daniela schaute zu ihrer Freundin und leckte sich über die Zähne.

»Einer der Kerle streicht mir über die Lippen. Ich zucke zusammen und springe vom Tresen weg. Sofort sehe ich die harten Beulen in den Hosen der Leute. Wie sie mich anstarren – es ist Gier pur. ›Na, da will wohl jemand von uns gebumst werden.‹ Die Worte aus dem Mund eines der Männer geilen mich auf. Sie umzingeln mich. ›Ich bumse nicht mit euch‹. Obwohl ich mich wehre, hoffe ich so sehr, dass die Typen weitermachen. Der Technofreak mit den blauen Haaren zeigt mir seinen Schwanz. ›Ich freue mich schon, wenn ich in dir komme und du mir als Dank dein Geld schenkst.‹ Sie wollen mich nicht nur bumsen, sondern auch noch berauben. Die Musik wird immer lauter. Ich berühre die Wand und kann nicht weiter. Sie kreisen mich ein. Inzwischen sind alle drei nackt. Einer wirft sich vor meinen Augen eine blaue Pille ein. ›Okay, ich mache es.‹ Bei diesen Worten fühle ich mich so billig und doch werde ich immer schärfer. Einer der Männer packt mich am Arm und drückt mich herunter. Kaum berühren meine Knie den Boden, habe ich drei Schwänze im Gesicht. Kurz darauf habe ich den ersten Schwanz im Mund. Er schmeckt nach Schweiß. Es ist scheiße und doch schön. Plötzlich wird mir das Kleid hochgezogen. Grobe Finger fassen mir zwischen die Beine. Kurz darauf stecken drei Finger in meiner Spalte. Es ist geil. Ich werde immer erregter. Wild sauge ich an seinem Rüssel. Der dritte Typ nimmt meine Hand und führt sie zu seinem ekelhaften Schwanz. Zwei Riemen und drei Finger ficken mich. Der Kerl kniet sich nun hinter mich und ich spüre seine harte Spitze an meiner Muschi. Er schiebt ihn mir rein. Ich stöhne wild. Jetzt bediene ich drei Schwänze. Der Technofreak packt meinen Kopf und fickt meinen Mund mit einer irren Geschwindigkeit. Vier Hände benutzen meinen Körper und spielen an mir rum. Ich werde immer geiler. Schon läuft mir die erste Ladung Sperma über die Hand. In dem Augenblick erlebe ich einen Höhepunkt, der mich in Stücke reißt.« Julia schob sich die Flasche so tief in ihren Körper, wie sie konnte. Große Mengen Schleim liefen aus ihrer Spalte. Als sie kam, seufzte sie laut auf.

Mit einem Grinsen schaute sie in die Runde. »Das war geil.«

Jennifer blickte zu Daniela. Sie hatte sich den BH ausgezogen. Ihre zwei Minititten sahen einfach toll aus. Vor allem die kleinen Nippel geilten das kurvige Mädchen auf.

Daniela spürte die Blicke, sagte aber nichts.

Julia drehte die Flasche und sie zeigte auf Jennifer.

»Pflicht.«

Julia grinste: »Schlaf mit Daniela.«

Die beiden Freundinnen schauten sich an.

»Ich möchte gern, aber ich will dich nicht überreden.«

Wie ein unschuldiges Mädchen, das über beide Ohren verliebt war, schaute Jennifer ihre Zimmerkollegin an.

»Als ob mir das nicht schon seit Tagen klar ist. Komm her, ich will unbedingt an deinen dicken Nippeln knabbern.«

Die Stimmung zwischen den Frauen war unglaublich aufgeladen. Jennifer zog ihren BH aus.

Daniela schaute ihr gierig auf die Titten. »Die sind so was von groß.«

Schon spürte Jennifer den heißen Atem ihrer Freundin. »Darf ich wenigstens noch mein Höschen ausziehen?«

Lachend griff Daniela zu einer Schere, die auf dem Schreibtisch lag. »Schnipp, schnapp und ab.«

Die Mädchen prusteten los, als Daniela ihrer Freundin das Höschen kaputt schnitt.

Schon spürte Jennifer Danielas erste zarte Berührung. Schlanke Finger berührten ihre Spalte.

»Ich will dich.« Jennifer war maßlos geil. Sie griff Daniela an ihre Minititten. Mit glasigem Blick strich sie über die Hautfalte, aus der Danielas kleine Titten bestanden. Sie stand auf diese kleinen Nippel.

Das Paar schob die Sachen aus dem Weg und berührte sich intim. Sekunden später lagen die beiden jungen Frauenkörper aufeinander und küssten sich zärtlich auf den Mund.

»Du schmeckst fantastisch.« Jennifer war lange nicht mehr so geil gewesen. Daniela schmeckte wunderbar. Jeder Mann hätte an diesem Anblick seine wahre Freude gehabt. Danielas harte

Nippel machten Jennifer total wuschig. Das süße Luder wusste um ihre Wirkung auf das curvy Model und massierte Jennifers Oberkörper.

Jennifer stöhnte leise. Die Berührung einer Frau war einfach etwas total Schönes. Jetzt lag Jennifer auf dem Rücken und ließ sich verwöhnen, aber sie hatte noch lange nicht genug. Mit ihrer freien Hand griff sie Henriette zwischen die Beine. Die Fleischlippen fühlten sich weich an. Die helle Haut der rothaarigen Frau war einfach geil.

»Ich will deinen breiten Arsch berühren.« Jennifer war jetzt total in Ekstase.

Henriette legte sich mit ihrem heißen Arsch zu Jennifer und zeigte ihr ihre süße Kehrseite. Was für ein breiter Arsch. Henriette winkelte ein Bein an und Jennifer begann, ihre neue Freundin zwischen den Beinen zu streicheln. Es war geil, dass sie das Gesicht ihrer rothaarigen Freundin nicht sehen konnte. Sie stellte sich vor, wie Henriette ihr Gesicht verzog und Jennifers Streicheleinheiten genoss.

Sex unter Frauen war zwar geil, aber mit etwas »Hartem« war es noch schöner. Julia reichte Jennifer eine unbenutzte Zahnbürste. Was für ein geiles Hilfsmittel. Jennifer führte die harte Bürste an die Spalte ihrer Freundin.

»Ah, ist das geil. Los, schieb es mir unten rein. Ich war böse und hab's mit meinem Angestellten getrieben. Bestraf mich.« Henriette war total von ihrer Lust getrieben.

Jennifer wusste genau, was jetzt zu tun war. Sie schob Henriette die lange schmale Bürste tief in ihre Spalte.

»Ist das geil. Ich will das Scheißteil bis zum Anschlag in mir spüren.« Die Rothaarige lief aus und keuchte, als wäre sie gerade zehn Kilometer gejoggt. Sie wurde hart gebumst und spreizte die Beine weit, indem sie ihr rechtes Bein mehr anwinkelte. Nun schob sie ihren Unterleib noch intensiver gegen Jennifers Hand.

»Ich will meinen Schatz probieren.« Julia kniete sich an Henriettes Schenkel und leckte mit ihrer Zunge über die heißen Lippen der hellen Schönheit.

»Ich liebe euch.« Henriette schlug vor Lust mit der flachen Hand auf den Boden. Laut schrie sie ihre Lust heraus und erlebte einen Höhepunkt, den sie noch Wochen spüren würde. Nach einer Ewigkeit, in der ihr Körper zuckte und sie aufbockte, fiel sie auf den Boden und schnappte nach Luft.

»Ich bin so was von spitz. Wer schiebt mir das Ding in den Arsch?«

Jennifer bekam glasige Augen, als sie Danielas sündigen Wunsch hörte. »Ich, bitte.«

Daniela lachte dreckig. »Du, süßer Schatz. Natürlich.«

Daniela kniete sich über Jennifers Schenkel und zeigte ihr ihren heißen Arsch. Nun senkte sie den Oberkörper, presste ihn gegen den Boden und spreizte ihre Beine noch weiter.

Jennifer war außer sich vor Lust. Danielas junge Rosette lächelte sie an. Mit den Fingerspitzen öffnete sie vorsichtig das ihr präsentierte Arschloch und klopfte mit der benetzten Spitze der Zahnbürste an der Rosette der schlanken Schönheit an. Was die Frauen in dem Augenblick miteinander erlebten, war nur Lust und Sünde zugleich. Langsam schob Jennifer ihrer Klassenkameradin die Bürste hinten rein.

»Die Borsten sind ein Traum. Bürsten mein Arschloch.«

Julia schaute begeistert zu. Jennifer wurde immer ralliger, während die dünne Bürste in Danielas Arschloch verschwand. Das leicht schmerzerfüllte und doch lustvolle Keuchen der schlanken Blondine war geil.

Bald steckte die Bürste bis zum Anschlag in Daniela. Je härte sie hinten penetriert wurde, desto wilder atmete sie. »Ich komme!«

So laut hatte Jennifer noch nie eine Frau vor Lust schreien gehört. Es war so erregend. Der Bauch der schlanken jungen Frau bebte. Kurz darauf sackte auch sie zusammen.

»Jetzt sind nur noch wir übrig.« Lächelnd beugte sich Julia über Jennifer. Warme Hände streichelten über die harten Nippel der kurvigen Schönheit.

»Ich will die Bürste auch hinten rein haben.«

Julia grinste. Ja, es war ein schmutziger Wunsch, aber Jennifer fand den Gedanken, als dritte Frau von der Bürste befriedigt zu werden, einfach zu reizvoll. Doch zuvor verwöhnten kleine asiatische Hände ihre vollen Brüste. Julia spuckte ihrer Freundin auf die Titten und verteilte ihren Speichel. Es fühlte sich an wie eine Massage. Auch Julia kam in den Genuss von zärtlichen Berührungen. Henriette kniete hinter der schwarzhaarigen Frau und leckte von hinten über ihre behaarte Spalte.

Julia wedelte Jennifer mit der Zahnbürste vor den Augen. »Na, soll ich dir das Teil jetzt reinschieben? Wenn man auf dem Rücken liegt, soll es sich noch intensiver anfühlen. Zumindest, wenn man was in den Arsch geschoben bekommt. Du musst dir nur vorstellen, du bekommst ein Kind. Schön die Beine anwinkeln und weit spreizen, dann liegt dein Arschloch von selbst frei.«

Jennifer tat es. Die Lust in ihr brannte lichterloh, ihre Geilheit und die Liebesspiele erregten sie maßlos. Sie wusste nicht, wann Julia ihr das Teil unten reinschieben würde, und diese Unkenntnis war absolut reizvoll.

Julia spuckte Jennifer auf den Bauch und zwischen die Beine. Was für viele eine Geste der Verachtung war, war für Jennifer eine Lustquelle. Der warme Speichel lief über ihre Rosette. Ein schönes Gefühl. Nun wurde ihr mit der Zahnbürste an der Rosette gespielt – sie kam näher und entfernte sich dann wieder. Die Ungewissheit, die Julia auf die Spitze trieb, war eine weitere Zutat des Lustcocktails, den Jennifer genoss.

Auch Julia hatte mit ihrer Geilheit zu kämpfen. Henriette steckte mit der Spitze ihrer Zunge tief in ihrem süßen Arsch.

Endlich klopfte die harte Bürste an Jennifers Hintereingang. Das Warten auf den sündig-süßen Schmerz war so prickelnd und aufregend, dass sie sich auf den Finger biss. Endlich war es so weit. Jetzt wurde auch ihr die Bürste mit den Borsten voran hinten reingeschoben. Wie in Zeitlupe spürte sie jeden Millimeter des Fremdkörpers, der ihr in den Arsch geschoben wurde. Ohne Vorankündigung wurde ihr Körper zerrissen. Jennifer erlebte keinen Höhepunkt. Vielmehr wurde sie in ein gigantisches schwarzes Loch der Lust hineingezogen. So ein intensives, lustvolles und befriedigendes Gefühl war der Höhepunkt des Lebens, von dem jede Frau in ihrem Leben träumte.

Nur Sekunden später schrie Julia laut auf. »Ja, ist das gut!« Speichel lief ihr über die Lippen. Ihr Wimmern war einfach nur geil. Henriette leistete geile Arbeit und verschaffte jetzt auch Julia einen himmlischen Orgasmus. Total entkräftet fiel sie halb auf Jennifer.

Die nächsten Minuten herrschte Schweigen im Internatszimmer.

Henriette fand zuerst die Sprache wieder: »Mädels, wenn wir das noch mal machen, dann müssen wir mehr Zahnbürsten kaufen.«

Die Mädels kicherten und erhoben sich. Alle waren voller Speichel und Schleim.

»Henriette, dein Arsch ist offen.«

Wieder brach wildes Gelächter aus.

Sex als Aufnahmeprüfung

Rainer saß an diesem Samstagmittag mit der Tageszeitung vor dem großen Fenster seines Wohnzimmers. Der große schwere Ledersitz, fast schon eine Liege, war total bequem. Das war eine der besten Investitionen, die er in den letzten Wochen getätigt hatte. Kurz schloss er die Augen und genoss die Ruhe. Die Sonne schien vom Himmel und die Vögel zwitscherten ihr Lied der Liebe. Es war ein schöner Tag im Mai. Er dachte über die vergangenen Tage und Wochen nach. Sein Leben hatte sich total verändert. Die Erbschaft, die Beförderung und seine Frau, die endlich wieder ihre sexy Sachen aus dem Kleiderschrank holte, machten sein Leben perfekt.

In die Ruhe hinein wurde die Haustür aufgeschlossen. Das süße Lachen seiner Frau und das leise Stöhnen seiner Tochter erfüllten das Haus.

»Schatz, ich hab's dir schon mal gesagt. Ich kaufe dir den Rock nicht und den String erst recht nicht. Ob du die Sachen trägst oder gleich nackt bist, ist dann auch egal.«

»Mama, ich bin sechzehn und kann mir die Teile auch selbst kaufen.«

»Wenn du das Geld dafür hast, dann bitte.«

»Das ist jetzt unfair.«

»Ich bin im Wohnzimmer«, rief Rainer leicht lachend.

Ja, so waren seine Frau Irene und ihre gemeinsame Tochter Adele. Immer wieder stritten die beiden miteinander. Er konnte beide Seiten verstehen. Adele war eine hübsche junge Frau mit Porzellanhaut und einem wunderschönen Gesicht. Es war total symmetrisch. Ihre grauen Augen hatten etwas Geheimnisvolles, die Nase war süß und klein und erst recht ihre geschwungenen Lippen! Sie sah ihrer Mutter sehr ähnlich. Auch den attraktiven Körper hatte sie von ihrer Mutter geerbt. Eine schmale Taille, ein sexy Arsch und schöne Brüste. Wenn er so darüber nachdachte, dann konnte er immer noch nicht glauben, dass er mit einer so fantastischen Frau verheiratet war. Irene war ein Traumweib. Eine tolle Köchin, als Hausfrau eine Wucht und als Mutter perfekt. Er liebte sie sehr.

»Paps, ich brauche den Rock und das andere Teil auch. Du musst es mir kaufen.«

»Du hast gehört, was Mama gesagt hat. Es ist zu wenig Stoff.«

»Schatz, ein Brief vom Internat ist gekommen.« Irene hielt den Brief triumphierend in der Hand.

Rainer hatte gehofft, dieser Augenblick würde nie eintreten.

»Ah, hoffentlich ist das eine Zusage«, rief Adele aufgeregt. Ihre beste Freundin Oxana war vor einem Jahr auf das Hans-Heinrich-Eberl-Mädcheninternat gewechselt und schwärmte in den höchsten Tönen von der Bildungseinrichtung. Die beiden jungen Frauen waren seit ihrer Kindheit befreundet. Sie waren gemeinsam in den Kindergarten, die Grundschule und schließlich aufs Gymnasium gegangen. Oxana war schon immer ein Freigeist gewesen. Sie liebte Herausforderungen und Abenteuer und so entschloss sie sich früh, das elterliche Nest zu verlassen.

Im Gegensatz zu Rainer waren Oxanas Eltern begeistert von der Idee ihrer Tochter, ein Internat zu besuchen. Auch Irene hatte positiv auf Adeles Wunsch reagiert, ebenfalls auf das Internat zu wechseln. Es war eine Eliteschule, die aber kaum bekannt war. Die Internetseite war mehr als dürftig und enthielt nur unwichtige Informationen. Was auffiel, waren die Lebensläufe einiger Absolventinnen, die nach dem Besuch des Internats eine gewaltige Karriere hingelegt hatten. Von Oxanas Eltern wussten sie, dass das Internat relativ günstig war, ansonsten äußerten sie sich nicht darüber. Warum war das so, wenn es doch nur für die Besten vorgesehen war? Immer wenn Rainer versuchte, über Nachfragen an Insiderinformationen zu gelangen, stieß er auf eine Mauer des Schweigens. Verbarg sich hinter den Mauern des Internats vielleicht ein Geheimnis?

»Schatz, wir werden zu einem Informationstermin eingeladen. Man möchte uns kennenlernen.«

»Das glaube ich jetzt nicht. Wir haben vor Wochen einen zehnseitigen Fragebogen ausgefüllt und hingeschickt. Was wollen die denn noch?« Unwirsch riss er seiner Frau den Zettel aus der Hand und überflog die Zeilen. Schon als sie den Anmeldebogen ausgefüllt hatten, hatte er sich geärgert. Alles wurde abgefragt, wirklich alles. Angaben über ihr Monatseinkommen, Ihr Hochzeitsdatum und sogar alle Zeugnisse von Adele wollte das Internat haben.

Als Irene sich auf die Ledercouch setzte und ihre Beine übereinanderschlug, beruhigte er sich sofort, da seine Aufmerksamkeit auf den heißen Körper seiner Frau gelenkt wurde. Sie war ein Traum von Frau. Kurze stufenförmig geschnittene Haare, tolle grüne Augen und ein Körper, der einfach nur geil war. Volle schöne Brüste, eine flache Taille, ein heißer Arsch und tolle Schenkel. Er liebte es, wenn sie ihren Körper zeigte. Mit achtunddreißig war sie drei Jahre jünger als er. Sie hatten sich damals auf Anhieb ineinander verliebt und früh geheiratet. Adele war der Höhepunkt ihrer Liebe.

Das Paar hatte nichts anbrennen lassen. Sie trieben es ständig und überall. Die hübsche junge Frau war eine heiße Raubkatze, die im Bett so manchen Trick auf Lager hatte. Manchmal trieben sie es sechs Mal am Tag. Er war verrückt nach ihrem Körper. Alles an ihr war perfekt. Manchmal hatte ihm nach dem Wochenende der Schwanz so wehgetan, dass er seinen Pimmel kühlen musste.

Irene spürte seine Blicke und spreizte die Beine noch etwas weiter. Sie trug heute gelbe Spitze unten drunter. »Schatz, die haben auch ihre Vorschriften. Dann fahren wir halt hin und beantworten noch mal einige Fragen. Du hast doch sowieso übernächste Woche Urlaub. Dann können wir das Nützliche gleich mit dem Vergnügen verbinden.«

Jetzt verwehrte ihm Irene den Blick auf ihre intime Öffnung. Leicht mürrisch schaute er sie an. Schon seit Wochen hatten sie nicht mehr miteinander geschlafen und das, obwohl er unglaublich potent war. Sein sexuelles Verlangen war schon immer groß gewesen und Irene liebte es, sich in sündige Wäsche zu kleiden, was seine Geilheit noch weiter anstachelte. Doch seit einigen Wochen herrschte bei dem Ehepaar Funkstille im Bett. Irene hatte keine Lust mehr und er wusste nicht, woran das lag.

»Ich weiß nicht, die Informationssucht des Internats ist mir etwas zu groß. Was wollen die von uns? Wir sind eine ganz normale Familie, die ihre Tochter auf ihr Internat geben will, und stehen nicht vor Gericht.«

Adele mischte sich ein: »Bitte, Paps. Oxana hat erzählt, dass man mit dem Abschluss unglaublich viele Chancen im Leben hat. Du willst doch, dass ich im Leben was erreiche?«

Vier Augen waren auf ihn gerichtet. Was sollte er sagen? *Nein, es ist mir egal?* »Gut, deine Mutter und ich fahren zu dem Informationstermin.«

»Du bist der beste Papa der Welt.«

Adele ging auf ihr Zimmer und auch Irene schaute ihren Mann mit einem zufriedenen Gesichtsausdruck an.

***

Rainer lief in seinem Schlafzimmer auf und ab. Nun telefonierte er schon seit fünfzehn Minuten mit Holger Reins. Mit wenig oder keinen Informationen in ein Gespräch zu gehen, war für Rainer nie einfach gewesen. Er erhoffte sich von seinem Freund, der im Justizministerium arbeitete, Informationen über das Internat. Doch Holger mauerte.

»Es muss doch was bekannt sein. Wem gehört das Internat? Wie finanziert sich die Einrichtung? Warum werden so viele Informationen von den Eltern verlangt? Für dich muss es doch einfach sein, an Antworten zu kommen.«

»Rainer, das Internat ist nie in Erscheinung getreten. Es gibt keine Auffälligkeiten. Ich habe sogar bei der Steuerbehörde angerufen, es ist alles in Ordnung. Der Leiter des Finanzamts hat von dem Leiter geschwärmt. Die Steuerunterlagen sind so vorbereitet, dass der Steuerbescheid innerhalb von zehn Minuten erstellt wird. Alles wird vorgelegt. In den vergangenen zehn Jahren gab es überhaupt keine Besonderheiten. Es tut mir leid, ich muss jetzt Schluss machen.«

Holger beendete das Gespräch und Rainer warf das Handy wütend auf sein Bett.

In dem Augenblick kam Irene aus dem Bad. Ihr Körper wurde von einem weißen Höschen und einem dazugehörigen BH verhüllt. Ihre heiße Scham wölbte sich unter dem Stoff. Hemmungslos öffnete sie ihren BH und zeigte ihm ihre zwei süßen Berge.

Sofort wurde er geil. Grinsend zog er seine Hose herunter und zeigte seiner Frau seinen halbsteifen Schwanz, der ziemlich heftig zuckte. »Möchte meine Frau meinen Schwanz hart blasen? Du hast dein Höschen gewechselt, bestimmt warst du heute geil auf mich und bist feucht geworden.«

»Schatz, ich bin müde.«

Leicht enttäuscht legte er sich zu ihr ins Bett.

»Hör jetzt bitte auf, das halbe Land auf das Internat anzusetzen. Oxana ist begeistert und es geht ihr sehr gut. Adele ist total heiß darauf, das Internat zu besuchen. Nur weil nicht jeden Tag die Werbetrommel gerührt wird, sind es keine schlechten Menschen. Jetzt lass uns schlafen.«

Irene drehte ihm den Hintern zu und löschte das Licht. Ihr heißer strammer Arsch linste unter der Bettdecke hervor. Zu gern hätte er sich um ihr heißes Heck gekümmert, wollte aber keine weitere Abfuhr riskieren.

An Schlaf war nicht zu denken. Etwas war faul mit dem Internat, das sagte ihm sein Gefühl. Auch seine Frau nervte ihn etwas. Sie war so ein heißes Luder und er hatte wahnsinnige Lust. Immer wenn er besonders geil war, trieben ihn besonders sündige Gedanken um. Zu gern hätte er seine Frau mal gefesselt und so richtig geil durchgenudelt. Den Gedanken, eine wehrlose Frau zu nehmen, hatte wohl jeder Mann in seinem Leben mal und so war es auch bei Rainer.

Langsam führte er seine Hand zu seinem harten Schwanz. Er musste an sich spielen. Langsam wichste er sich und dachte an seine heiße Frau, wie sie es all die Jahre täglich miteinander getrieben hatten.

Irene drehte sich um. »Wenn du wichsen willst, dann bitte nicht hier im Bett.«

»Schatz, ich bin so was von geil auf dich. Wir haben es schon so lange nicht mehr miteinander getrieben.« Es widerstrebte ihm, dass er förmlich nach Sex bettelte, aber was sollte er machen? Die Geilheit trieb ihn vor sich her.

»Na gut, ich mache es dir mit der Hand.« Ihre weichen Finger suchten sein Rohr.

Bei der ersten kleinen Berührung seufzte er leise. Sie hatte magische Finger. Eine weiche Hand legte sich um sein Rohr und begann, ihn zärtlich zu wichsen. Im Bett war sie eine Königin.

»Weißt du noch, als ich dir vorgeschlagen habe, dich mal zu fesseln?«

»Rainer, ich möchte schlafen. Ich entsafte dich und dann ist aber Ruhe.« Jetzt übte sie mit den Fingern etwas stärkeren Druck auf seinen Bolzen aus.

Rainer war so geil, dass ihm fast alles egal war. Immer härter machte sie es ihm. Sein Samen brodelte und kochte.

»Das ist gut. Härter, du heißer Feger.«

Nun legte sie eine Fingerspitze auf seine nasse Eichel und stimulierte seine geile Spitze. Rainer wurde immer erregter. Gleichmäßig stimulierte sie ihn weiter.

Mit einem leisen Schrei kam er.

»Mach deinen Schwanz bitte sauber. Ich will das Bett erst Anfang der Woche beziehen.« Ohne ein weiteres Wort von sich zu geben, drehte sie ihm wieder ihre süße Kiste zu.

Leicht wütend griff er nach einem Papiertaschentuch und trocknete seinen Schwanz. Wie billig sie ihn abspeiste, passte ihm gar nicht. Er blieb noch Stunden wach und dachte nach. Immer wieder geisterte seine Frau durch seinen Kopf und auch das Internat ließ ihm keine Ruhe. Irgendwann schlief er schließlich ein.

***

Die nächsten Tage passierte nichts. Irene zeigte sich weiter von ihrer heißen Seite und über das Internat gab es keine neuen Informationen.

Bald hatte Rainer Urlaub und sie packten einen Koffer für das Gespräch im Internat. Rainer war immer noch total unzufrieden mit der Situation. Der Aufwand für den Internatsplatz war aus seiner Sicht vollkommene Zeitverschwendung, doch seine Familie wollte es und so gab er halt klein bei.

Das Ehepaar machte sich auf den Weg. Das Internat lag über vierhundert Kilometer entfernt von ihrem Wohnort. Sie kamen schnell voran. Doch Rainer hatte das Gefühl, dass sie nicht allein waren, auch wenn er es nicht erklären konnte. Aufmerksam schaute er immer wieder in den Rückspiegel. Kurz bevor sie ihren Zielort erreicht hatten, erblickte er im Rückspiegel eine schwarze Limousine, die ihnen folgte. Seiner Frau sagte er nichts von seinem Gefühl und seinem Eindruck. Warum sollte er sie beunruhigen?

Ihr Hotel war bald erreicht und ihr Wagen verschwand in der Tiefgarage.

***

Am nächsten Morgen lief Irene nervös durch das Hotelzimmer. »Schatz, achte bitte heute besonders auf deinen Anzug. Wir wollen einen guten Eindruck machen.«

»Das höre ich jetzt schon zum dritten Mal. Ich kann schon in einem Anzug laufen.«

Irene trug ein hautenges blaues Kostüm. Ein knielanger Rock mit Blazer und passende Schuhe zierten ihren Körper. Dazu ein schlichtes weißes T-Shirt und eine schwarze Strumpfhose. Ihr Arsch sah so geil aus. Rainer wusste nicht, was sie drunter trug, und genau diese Ungewissheit geilte ihn auf.

Er schmiegte sich an sie, während sie ihre goldenen Ohrringe anlegte. »Wir haben doch noch etwas Zeit. Was meinst du? Sollen wie noch mal unsere Körpersäfte austauschen?«, fragte er und streichelte über ihren sündigen Arsch. Sein Hammer schlug brutal gegen sein Gefängnis aus Stoff.

»Nein, ich will mein Make-up nicht noch mal neu machen.«

»Na gut.« Wieder war er abgewiesen worden, aber jetzt war nicht die Zeit, sich mit Irene zu streiten.

Das Duo fuhr los. Nach etwa dreißig Minuten erreichten sie das Internat, das etwas außerhalb der Stadt idyllisch inmitten der Natur lag. Ein großer Gebäudekomplex, umgeben von einigen kleinen Teichen, grünen Rasenflächen und in Form gehaltenen Bäumen. Rainer fiel sofort auf, wie gepflegt die Anlage war.

Als sie vorfuhren, eilte ein Butler zu ihrem Wagen und öffnete die Beifahrertür. »Herzlich Willkommen im Hans-Heinrich-Eberl-Mädcheninternat. Sie werden bereits erwartet.«

Der Mitarbeiter führte das Ehepaar ins Haus, das aus der Nähe einem englischen Landsitz glich. So sah es auch im Hausinnern aus. Nichts deutete auf den Betrieb eines Internats hin. Außerdem war es für ein Internat relativ klein.

Ein groß gewachsener Mann, der sicherlich einen Meter neunzig groß war, kam auf das Ehepaar zu. »Guten Tag. Ich begrüße Sie in unserer schönen Anlage. Mein Name ist Karsten Gehlden. Ich bin hier der Direktor. Bitte folgen Sie mir.«

Irene und Rainer wurden in einen kleinen, recht sterilen Konferenzraum geführt. Es gab einen schwarzen Tisch, graue Stühle, einen hellen Teppich und zwei Büropflanzen.

»Nehmen Sie doch bitte Platz.«

Das Duo setzte sich. Der Direktor auch. Eine Hausdame brachte Kaffee, Tee und Softgetränke.

Karsten Gehlden schaute dem Ehepaar tief in die Augen. »Schön, dass Sie hier sind.«

»Ist ja alles schön und gut, aber warum sind wir hier?«, fragte Rainer direkt.

»Die Frage beschäftigt Sie, ich weiß. Auch weiß ich, dass Sie Informationen über unser Haus eingeholt haben. Wir sind hier ein kleines Internat, dennoch sehen wir uns als Elite für zukünftige Generationen. Unsere Schülerinnen werden intensiv gefördert und haben nach einem erfolgreichen Abschluss sehr gute Karrierechancen. Für bestimmte junge Frauen besteht auch die Möglichkeit, dass sie noch intensiver gefördert werden. Wir haben bestimmte Voraussetzungen geschaffen, um einen kleinen Kreis unserer Schülerinnen ein Leben lang zu fördern.«

»Das hört sich gut an. Welche Voraussetzungen sind das?«, fragte Irene.

»Der Besitzer des Internats legt großen Wert darauf, dass unsere Schülerinnen ein ausgewogenes, offenes und liebevolles Zuhause haben. Wir können Wissen vermitteln und helfen unseren Schülerinnen mit verschiedenen uns zur Verfügung stehenden Mitteln ein Leben lang. Sollten Sie eine besondere Förderung für Ihre Tochter wünschen, werden Sie beweisen müssen, dass Sie ein Elternhaus sind, das die von mir genannten Voraussetzungen erfüllt. Ich möchte noch mal darauf hinweisen, dass wir hier nicht über einen Schulplatz sprechen. Wir reden hier über eine individuelle Förderung, die Ihre Tochter erhalten kann, wenn Sie unsere Voraussetzungen erfüllen.«

»Kommen Sie doch bitte auf den Punkt.« Rainer war langsam sauer. Was wollte der Direktor von ihm?

»Gut, Sie wollen mehr wissen. Dann folgen Sie mir bitte.«

Das Trio begab sich in einen weiß gestrichenen, runden Raum mit hoher Decke. Am oberen Teil der Wände waren schwarz getönte Fenster installiert.

»Hier sehen Sie den Raum, der entscheidet, welche Sonderrechte Adele bekommen kann. Hinter den Spiegeln sitzen Menschen, die beobachten, wie Sie miteinander schlafen, und sie dann bewerten. In einem guten Elternhaus haben die Eltern auch Sex. Wir möchten nur Schülerinnen bei uns haben, bei denen die Ehe der Eltern intakt ist. Es gibt drei verschiedene Stufen der Förderung. Unter den Fenstern sind rechteckige Lampen installiert. Bei Weiß bekommen die Schülerinnen nach dem Abschluss einen gesicherten Arbeitsplatz in unserem Haus. Bei Blau werden die Schülerinnen nach ihrem Abschluss noch fünf Jahre von uns begleitet. Bei Rot bekommt ihre Tochter das große Sorglospaket. Es gibt ein internationales Netzwerk, das alle Probleme der Frauen lösen kann, und zwar für ihr ganzes Leben.«

»Sie spinnen ja wohl.« Reiner platzte der Kragen. So etwas zu fordern und den Sex auch noch zu bewerten, war einfach nur pervers und schmutzig.

»Ich bin noch nicht fertig. Natürlich entscheiden Sie allein, ob Sie Adele diese Möglichkeit geben. Bitte vergessen Sie nicht, dass wir Ihrem Kind hier eine einmalige Chance eröffnen.«

»Was müssen wir im Bett bieten?«, fragte Irene.

»Das entscheiden Sie. Mit Blümchensex kommen Sie natürlich nicht weit. Wie Sie den Sex gestalten, überlassen wir Ihnen. Niemand wird von dieser Prüfung erfahren. Ich darf Ihnen aber den Hinweis geben, dass Sie automatisch die Farbe Blau erreichen, wenn Sie länger als fünfundvierzig Minuten Sex miteinander haben.«

Rainer stand auf. »Guten Tag. Schatz, kommst du bitte?«

»Ich muss meinem Mann recht geben. Für uns kommt das nicht infrage. Sex ist etwas so Intimes, dass wir es nicht teilen werden. Danke.«

»Wie gesagt, es ist Ihre Entscheidung. Ich gebe Ihnen eine Visitenkarte mit. Rufen Sie an, wenn Sie es sich anders überlegen.«

Irene nahm die Karte und das Ehepaar verließ auf schnellstem Weg das Gebäude.

Während der Rückfahrt herrschte Stille im Wagen, das Ehepaar sprach kein Wort über das Gespräch im Internat, auch nicht im weiteren Verlauf des Tages. Doch es arbeitete in beiden.

***

Am Abend lagen sie im Bett und schauten an die Decke.

»Was denkst du?«, fragte Irene.

»Dass die ganze Reise eine beschissene Idee war. Sex vor Leuten, die uns dann auch noch benoten, wo leben wir denn?«

»In unseren Urlauben haben wir es manchmal in den Dünen getrieben und hatten auch Zuschauer. Für Adele wäre es eine riesige Chance und sie hat sich so auf ihre Freundin Oxana gefreut«, gab Irene zu bedenken.

»Schatz, sollen wir es wirklich vor Publikum miteinander treiben?«

»Na ja, für unsere Tochter. Warum nicht?«

»Mit normalem Sex kommen wir aber nicht weiter.«

»Lass uns schlafen.«

***

Auch in dieser Nacht kam Rainer nicht zur Ruhe. Irgendwie geilte ihn das schon auf. Er hatte einen verbotenen Traum, den er mit seiner Frau gern mal erleben würde, doch das war eine Männerfantasie, die nicht alle Frauen toll fanden.

Als seine Frau am nächsten Morgen nur mit einem geilen schwarzen String bekleidet aus dem Bad kam, bekam er sofort einen Steifen. Ihre Brüste waren herrlich fest.

Er nahm ihre Hand und zog ihren heißen Milfkörper an sich. »Wollen wir es miteinander treiben? Dein Arsch ist der Hammer.«

»Dann können wir es auch im Internat treiben.«

»Schatz, meinst du das ernst?«

»Warum nicht?«

»Die wollen aber harte Sachen sehen und ich will dich nicht benutzen.«

Irene grinste. »Wir können doch ein Sexmanuskript schreiben, das wir dann vorspielen.«

Welcher Mann hörte solche Worte nicht gern aus dem Mund einer Frau, die er liebte? Ja, daran hatte er auch schon gedacht. »Ich will es aber schmutzig.«

»Wie schmutzig?«, fragte Irene.

Er flüsterte ihr etwas ins Ohr.

Irene zuckte zusammen und schaute ihn bitterböse an. »Du hast doch den Arsch offen.«

Beide zogen sich an und gingen im Hotelrestaurant frühstücken. Immer wieder schauten sie sich an.

Schließlich sagte Irene: »Ich mach das, aber nur wegen unserer Tochter.«

Rainer grinste und wurde sofort steinhart zwischen den Beinen. »Gib mir die Karte.«

***

Kurz darauf tippte er die auf der Visitenkarte vermerkte Nummer in sein Handy. Es klingelte einmal und Karsten Gehlden meldete sich.

»Wir möchten unserer Tochter ein gutes Leben schenken, wann können wir kommen?«

Sie vereinbarten noch für den Vormittag einen Termin. Rainer war geschockt von seiner eigenen Kaltblütigkeit. Er betrachtete seine Frau nicht mehr als Frau, sondern als ein Stück Fleisch, an dem er seine derben Träume ausleben würde. Der Gedanke, mit ihr zu schlafen, war unglaublich erregend. In seiner Hose wurde es eng, sehr eng.

Sie gingen aufs Zimmer, zogen ihre Jacken an und fuhren los. Rainer spürte eine gewaltige Spannung in sich. Auf Kommando Sex zu haben, war schon aufregend.

Sie erreichten das Internat und wurden in den weißen Raum geführt.

»Kann ich mich irgendwo umziehen?«, fragte Irene.

»Natürlich.« Karsten Gehlden führte die attraktive Frau hinaus.

Rainer sah sich um. Ein großes rotes Bett stand in der Mitte des Raumes. An der Decke über dem Bett war ein Videowürfel befestigt, über den ein harter Porno lief.

Kurze Zeit später öffnete sich die Tür und Irene kam in einem hautengen weißen Body auf ihn zu. Der dünne Stoff hatte auf der Vorderseite mehrere offene Rauten und brachte ihren heißen Körper gut zur Geltung. Ihre heißen Hügel schimmerten durch den transparenten Stoff.

Rainer zog sich aus. Sein Prügel war steinhart. So geil war er schon lange nicht mehr gewesen.

Mit einem sexy Lächeln strahlte seine Frau ihn an und tippte mit den Fingerspitzen gegen seinen harten Schwanz. »Jetzt bin ich nicht deine Frau, sondern deine Nutte. Ich will es schmutzig und wenn ich heulen muss, ist es okay.«

Die Worte seiner Frau erregten ihn sehr. Seine Hände griffen ihr sündig in den Schritt. Heiß spielte er an ihr herum.

Sie spreizte sexy die Beine und präsentierte ihre Spalte. Seine Finger suchten sich einen Weg unter den gespannten Body. Als er in sie eindrang, stöhnte sie leise. Willig spreizte sie ihre Schenkel noch weiter und ging ein Stück in die Knie. »Ich will ihn blasen.«

Irene kniete sich vor ihn, packte seine Stange und wichste hart sein Rohr. Ja, das konnte sie wirklich. Mit genau dem richtigen Druck bewegte sie ihre Hand. Sexy schaute sie ihn an. Sie konnte einen Mann schon geil machen, wenn sie nur mit den Augen spielte, einem Mann zuzwinkerte oder genussvoll an einem Strohhalm saugte. Sinnlich öffnete sie den Mund und leckte sich über die schneeweißen Zähne. Irene drückte den Rücken durch, führte seinen Pinsel zu ihren Titten und drückte den Stab gegen ihre Hügel. Ihr Fleisch gab so herrlich nach und zog sich dann elastisch wieder in Form.

Sein Stab fühlte sich auf ihrer Haut wie in einer Hüpfburg. Dort verzog sich auch das Material, bevor es sich wieder aufrichtete. »Komm, ich will deine Nippel spüren.«

Irene grinste. Ja, er liebte ihre kleinen harten Knöpfe, mit denen er schon so viele wunderschöne Momente erlebt hatte. Ihre Nippel waren hart und warm und er stöhnte laut. Nun führte sie seinen Hobel wieder zu ihrem Mund und nahm ihn tief auf.

Rainer kochte vor Geilheit, hielt sich aber noch zurück, auch wenn es ihm mehr als schwerfiel. Sie saugte, als gäbe es kein Morgen. Gern wäre er gekommen, doch noch durfte er sich nicht in ihr erleichtern. Er packte ihren Kopf. Zu seiner Überraschung musste er nichts weiter machen. Seine Frau drückte ihren Kopf von selbst gegen seinen Körper, sein Schwanz steckte tief in ihrem Mund. Mit den Händen griff sie nach seinen Backen und streichelte seinen Arsch. Es war ein Traum. So geil hatte er sie lange nicht erlebt. Lustvoll machte sie weiter.

Jetzt war er mehr als warmgelaufen und führte sie zu dem weichen Bett. »Leg dich hin, ich will dich lecken.«

Breitbeinig bot sie ihm ihre heiße Spalte an. Sie war wunderschön blank rasiert und bot ihm eine ungeschützte Muschi an. Doch noch ließ er sie zappeln und kümmerte sich erst mal ausführlich um ihre kleinen Knospen. Wie immer war er von den harten Knöpfen begeistert. Seine Frau stand darauf, wenn er sie zärtlich biss, und das tat er in diesem Augenblick auch. Es war ein schmaler Grat der Lust, auf dem er sich bewegte. Doch es gelang ihm ausgezeichnet, Irene leichte, süße Schmerzen zuzuführen und auch ihre sinnliche Lust zu steigern. Ihr Bauch zitterte, ihr Unterleib krümmte sich. Mehrere Minuten verwöhnte er sie so. Einige Minuten später rieb er seinen harten Schwanz an ihrer Liebesperle.

»Steck ihn endlich rein, ich will ihn spüren.«

So geil hatte er sie lange nicht gesehen. Mit einem lauten Stöhnen steckte er ihr seinen Pinsel unten rein. Seine Frau quiekte leise. Sie war schon immer wahnsinnig eng gewesen. Es gab nicht einen Augenblick, in dem sie ihn nicht mit ihrer Spalte melkte.

Bis hierher war es eine ganz normal geile Nummer gewesen. Jetzt griff Rainer unter das Bett und hielt kurz darauf einige Stangen harten Spargel in der Hand.

Sie zeigte mit einer Hand auf den weißen Stab, den sie sich ausgesucht hatte. »Ich habe so lange darauf gewartet.«

Rainer strich mit der harten Spitze des Gemüses über ihre Lippen. »Willst du die Dinger anlecken, bevor ich sie dir in den Arsch stecke?«

»Natürlich, du geiler Bock. Sonst tut es noch mehr weh.« Lustvoll saugte sie an dem weißen Spargel. Ja, sie trieben es miteinander, weil sie ihrer Tochter einen sicheren Start ins Leben ermöglichen wollten, aber es war jetzt auch total erregend. Nie hätte er seiner Frau diesen schmutzigen Wunsch mitgeteilt, nie hätte er gehofft, dass sie mitmachen und sich vom Spargel bumsen lassen würde. Jetzt lag sie vor ihm und bot ihren Arsch an. Wie schön sie war und wie verdorben die Welt. Lasziv lag sie vor ihm und lächelte ihn verführerisch an. Während er sich aufrichtete, griff sie nach seinem Riemen und verwöhnte ihn mit ihrem Ringfinger. Der harte Gegenstand, mit dem sie seine Eichel stimulierte, war einfach nur geil.

»Bist du so weit?«, fragte er.

»Fick mich.« Irene stand auf.

Er konnte ihre glänzende Spalte sehen. Ihr nackter Arsch war ein Traum. Sie präsentierte ihre Kehrseite. Wieder streichelte er ihre geilen Backen. Seine Frau war ein wahr gewordener Sextraum. Nun kniete sie sich doggy vor ihren Mann und drückte ihren Rücken durch. Rainer streichelte mit der harten Spitze des weißen Gemüses seinen Schwanz. Noch nie hatte er ihren Arsch gebumst. Es war ein Tabubruch. Kurz schaute er zu den Fenstern. Zum ersten Mal wurde seine Bettleistung bewertet.

»Steck es mir endlich rein, ich will es hinter mich bringen.«

Ihre Worte steigerten seine Lust noch weiter. Er setzte den dicken Stab an ihrem Arsch an. Die Spitze war rau und hart. Langsam drückte er den Spargel gegen ihre Rosette. Nur schwer kam er bei ihr rein. »Entspann dich, mein Schatz.«

Sie stöhnte und jammerte leicht. Ihre Schmerzen waren geil, auch wenn er sich dabei schmutzig fühlte. Nur millimeterweise steckte er ihr das Gemüse hinten rein. Er war fasziniert von der Situation. Es dauerte einige Minuten, bis die lange Stange in ihrem Arsch verschwunden war.

»Schieb mir das nächste Teil hinten rein.«

Was für eine schmutzige Bitte. Er führte die zweite Stange an ihre Rosette. Langsam steckte er ihr die zweite Stange rein. Geil sah ihr Arsch aus.

»Die nächste und dann fickst du meine Fotze.« Irene war außer Rand und Band. Selten hatte er eine so hohe Stimme aus ihrem Mund gehört. Sie ging voll ab. Ihr Körper bebte, ihre Beine zitterten. Als er ihr die dritte Stange reingeschoben hatte, war ihr Arsch bis zum Bersten mit Spargel gefüllt. Es sah geil aus. Jetzt setzte er seinen Pinsel an ihrer nassen Spalte an und rutschte auf der großzügigen Schleimspur in ihren Körper. Rainer war total aufgestachelt von der Nummer. Von hinten griff er beherzt nach ihren geilen Hupen.

»Ja, knete meine süßen Möpse. Ganz behutsam.«

Sie wollte es langsamer und er erfüllte ihr den Wunsch. Mit kreisenden Bewegungen stimulierte er ihre Nippel. Ihr Arsch war inzwischen ganz nass. Sie tropfte leicht, was er nur zu gut verstand. Auch er war lange nicht mehr so geil gewesen. Mit kontrollierten Bewegungen nahm er sie. Immer wieder schaute er auf ihre heiße Kiste. Wie fleischig ihre Backen waren! Einfach herrlich.

»Spritz mich voll. Ich will dich endlich entsaften.«

Konnte ein Mann sich etwas Schöneres wünschen? Nein. Mit seiner ganzen Kraft bewegte er sich jetzt in ihr. Sein Samen brodelte und wollte raus. Gern hätte er sie schneller genommen, aber der Höhepunkt machte sich langsam bemerkbar und er wollte es genießen. Er hatte so lange warten und mit vollen Eiern herumlaufen müssen.

Es war ein Traum, wie sie stöhnte. Der Orgasmus schüttelte seinen Körper durch, die weiße Milch knallte gegen die Eingeweide seiner Frau. Auch Irenes Körper bebte. Der harte Spargel schoss aus ihrem Arsch. Beide erlebten einen der intensivsten Höhepunkte in ihrem Eheleben.

Erschöpft lagen sie danach auf dem Bett.

»Was meinst du, haben wir es geschafft?«

»Also, so geil wie du den Spargel aus deinem Arsch gedrückt hast, wird es mindestens Blau.«

»Ich hoffe es sehr.«

Gespannt schauten sie zu den Lampen. Rot. Rot. Rot.

Irene küsste ihren Mann verliebt auf den Mund. »Damit hast du dir für lange Zeit geilen Sex verdient, mein Schatz.«

***

Adele liebte das Internat und hatte in den nächsten Jahren sehr viel Glück in ihrem Leben. Wie groß der Anteil ihrer Eltern war, wusste niemand, aber Adele ging es sehr gut.

Machs mir hart

Die Schulglocke läutete die vierte Stunde des Tages ein. Auf dem Stundenplan stand Biologie. Mit ihren neunzehn Klassenkameradinnen wartete Natascha vor dem Fachraum Biologie. Eine Horde junger pubertierender Frauen wollte sich mit ihrem Lieblingsthema beschäftigen.

Dieter Relsch kam mit seiner mehr als dreißig Jahre alten Cordhose und seiner ebenso alten Weste den langen Flur des

Schulgebäudes entlang. Eine dicke Hornbrille saß auf seiner Nase, auf seiner Halbglatze spiegelten sich die an der Decke des Flurs montierten Neonlichter wider. Der Mann war gefühlte neunzig Jahre alt und man sah ihm an, dass er intensiv in der Vergangenheit lebte. Er hatte wie immer seine uralte grüne Aktentasche dabei, die wahrscheinlich schon im Kaiserreich existiert hatte und auch schon genauso lange in seinem Besitz war.

»Jetzt haben wir wieder eine schöne Schnarchstunde«, flüsterte Kelly ihrer Freundin Natascha in Ohr.

Sie hatte recht. Seine gleichbleibende Stimme war zum Einschlafen. Er wäre allerdings ein perfekter Gutenachtgeschichten-Vorleser – nach zehn Sekunden würde jedes Kind schlafen.

Dieter war der langweiligste Lehrer, den Natascha bisher kennengelernt hatte. Seit sechs Jahren lebte die hübsche Achtzehnjährige im Mädcheninternat »Hubertushöhe« und hatte in dieser Zeit viel erlebt. Lehrer und Lehrerinnen waren gekommen und ebenso schnell wieder verschwunden. Einige schräge Vögel waren dabei gewesen. Es gab daher wenig, was Natascha aus der Ruhe brachte. Mittlerweile hatte sie sich an den alten Lehrer gewöhnt und so zuckte sie nur mit den Achseln, während Kelly auf eine Antwort wartete.

Der Lehrer schloss die Tür auf und die Horde junger Frauen suchte sich einen Platz. Holzstühle mit hohen Lehnen standen hinter den sechs Tischreihen, die um die Tafel herum positioniert waren. Wie in einem Hörsaal waren die Tische abgestuft und in der Höhe ansteigend aufgebaut.

»Meine Damen, nehmen Sie doch bitte Platz.«

Kelly und Natascha setzten sich wie immer gemeinsam in die letzte Reihe. Beide waren seit über einem Jahr beste Freundinnen und teilten sich mittlerweile auch ein Zimmer. Sie waren sich ziemlich ähnlich, auch wenn sie äußerlich gegensätzlich waren. Natascha war eine süße Blondine, wie sie im Buche stand.

Schulterlange blonde glatte Haare, große Augen, ein rundes Gesicht und ein markantes Kinn, das sie gern nicht ganz so markant gehabt hätte. Doch ihre Mutter und ihre Oma hatten die identische Kinnpartie. Mit ihrem Körper war sie ziemlich zufrieden. Sportlich, schlank und doch für ihre Maßstäbe etwas klein. Nur ein Meter achtundsechzig war die hübsche Russin groß. Dass sie aus der ehemaligen Sowjetunion kam, hörte man an ihrer Stimme nicht mehr. Wie viele Russinnen, die nicht in Deutschland geboren waren, konnte sie das R perfekt rollen, aber sie tat es nicht gern. Sie hatte die deutsche Staatsangehörigkeit und hatte sich gleich nach ihrer Ankunft in Deutschland intensiv mit der Sprache auseinandergesetzt.

Kelly war genauso sportlich wie ihre Freundin, nur dass sie kurze schwarze Haare hatte, die ihr manchmal zu dünn waren.

»Meine Damen, heute steht das Thema Sexualkunde auf der Tagesordnung. Wenn sich ein Mann und eine Frau mögen, dann entwickeln sie Gefühle füreinander. Wenn man sich früher kennengelernt hat und dann immer noch mochte, ging man ein Eis essen.«

»Wenn ich einen Kerl mag, dann lass ich mich bumsen.«

Der Zwischenruf führte zu einem gigantischen Lachanfall unter den Mädels.

Nur Dieter Relsch schaute emotionslos wie ein trockenes Stück Brot in die Runde. »Meine Damen, zu meiner Zeit gingen die Geschlechter ganz anders miteinander um. Ich möchte Sie bitten, sich meine Ausführungen aufmerksam anzuhören. Ich gehe davon aus, dass Sie den Kurs erfolgreich beenden möchten.«

Plötzlich herrschte eine Stille, in der man sich nicht einmal traute zu atmen. Zwar war ihr Lehrer alt und hinkte dem Leben mindestens vierzig Jahre nach, aber wenn er wollte, dass jemand den Kurs nicht schaffte, dann schaffte die Person den Kurs auch nicht. So war das nun einmal.

»Ich sehe, wir verstehen uns. Dann werde ich jetzt fortfahren. Wenn ein Mann und eine Frau sich mögen, dann entwickeln sich Sexuallockstoffe.«

»Ich bin dann schon weiter und das X-Chromosom läuft aus meiner Fotze.«

Das Spiel wiederholte sich und auch Kelly und Natascha lagen lachend unter dem Tisch. Es war eine Provokation für Dieter Relsch.

Ruhig nahm er seine Brille ab und schaute in die Runde. »Sie haben sich gerade einen schönen Nachmittag mit den X- und Y-Chromosomen verdient. Wir sehen uns heute um vierzehn Uhr und werden bis zum Abendbrot viel Spaß haben. Sollte ich noch einmal einen Zwischenruf wahrnehmen, werden wir auch den Freitagnachmittag miteinander verbringen.«

Die Ansage hatte gesessen. Es ging gesittet weiter, war aber wahnsinnig langweilig.

Natascha schaute aus dem Fenster und dachte über ihr Leben nach. Sie war jetzt achtzehn Jahre alt und hatte sich vor einigen Wochen von ihrem Freund getrennt. Na ja, Freund konnte man wohl nicht sagen. Ein halbes Jahr hatte die Fernbeziehung gehalten. Es waren keine Jungs im Internat zugelassen, weil es die Ruhe zum Lernen störte. Natascha sah es anders, aber sie konnte es nicht ändern. So hatten sie sich nur am Wochenende und in den Ferien gesehen. Der Trennungsgrund war ein Klassiker. Er war fremdgegangen. An einem Sonntag war sie früh mit dem Zug zurück ins Internat gefahren, um noch für eine wichtige Prüfung zu lernen. Doch sie hatte einige wichtige Unterlagen vergessen, was ihr aber erst im Internat auffiel, also fuhr sie zurück und erwischte ihren Ex mit einer billigen Schlampe im Bett. Er bumste sie auf dem Küchentisch wie ein Tier. Das Bild war zum Kotzen. Er spritzte gerade ab, als sie im Türrahmen stand. Sie riss ihm den Stuhl weg, an dem er sich abstützte. Der perverse Kerl kippte nach hinten und sie sah seinen pulsierenden Schwanz. Hart trat sie ihm in die Eier und verschwand aus der Wohnung. Gefühlte einhundert Mal hatte er sie angerufen. Genauso oft drückte sie ihn weg.

Danach hatte sie für vier Wochen die Schnauze voll von Sex. Doch die Zeit verändert alles und so bekam auch sie wieder Lust auf geilen harten Sex. Auch wenn der Sexunterricht mit Dieter Relsch absolut veraltet war, so geilte es sie dennoch auf. Mal wieder von einem richtig harten Schwanz genommen zu werden … Es einem Kerl so richtig geil zu machen. Vor allem warmes Sperma fehlte ihr.

Nach der Biologiestunde war ihr Schultag zu Ende. Ein Lehrer war krank und so hatte sie erst einmal frei. Am Mittag erhielt sie die Info, dass die Direktorin das Nachsitzen gestrichen hatte und der Unterricht ausfiel.

***

Gegen fünfzehn Uhr lag sie auf ihrem Bett und langweilte sich. Die Schularbeiten waren erledigt, das Zimmer geputzt und ihre Geilheit verdrängt. Für den Augenblick.

»Meine lieben Schülerinnen, bitte mal zusammenkommen«, sagte die helle Stimme von Thea Slowinski.

Natascha sprang auf und ging etwas lustlos auf den Flur. Mit einem Megafon stand die hübsche Lehrerin auf einer kleinen Holzkiste. Nach einigen Minuten waren die Schülerinnen alle versammelt.

»Wir haben ab Morgen Handwerker im Haus. Auch die Flure des Wohntraktes werden renoviert. Ich bitte um Beachtung, Mädels. Bitte daher immer einen Schlüppi tragen und keine Unterwäsche ausstellen. Ihr wisst, was ich meine.«

Natascha grinste. So war die blond gelockte Vertrauenslehrerin. Auch wenn sie schon etwas älter war, so war sie im Herzen jung geblieben und hatte immer einen lockeren Spruch auf den Lippen.

»Männer, endlich sehen wir Männer. Ich brauche dringend einen Schwanz. Weißes Sperma ist so lecker.« Bei den Worten verdrehte Kelly die Augen.

»Jetzt hör aber auf. Du hast doch einen Stecher.« Natascha war etwas sauer. Seit einem halben Jahr war ihre Freundin mit einem jungen Mann aus gutem Haus zusammen und sie schwärmte von ihrem Freund in den höchsten Tönen.

»Stimmt, ja, aber wir haben uns jetzt schon zwei Wochen nicht gesehen. So geil war ich lange nicht mehr.«

»Kelly, dann nimm dir einen Dildo und mach es dir. Ich gehe jetzt spazieren.« Natascha hatte keine Lust auf das Schwärmen ihrer Freundin.

Nach zwei Stunden in dem kleinen Park, der das Internat umschloss, kehrte sie etwas entspannter in ihr Zimmer zurück. Kelly lag nackt auf ihrem Bett und blätterte gelangweilt eine Zeitschrift durch.

»Du weißt, was Frau Slowinski gesagt hat. Du sollst Unterwäsche anziehen und sie nicht ausstellen.«

»Ja, Mama.«

Natascha warf ihr ein Kissen zu und grinste sie an.

»Tut mir leid, ich weiß, dass es dir nicht gut geht.«

»Schon gut, Kelly.«

Natascha ging früh ins Bett. Ihre Frustration war ziemlich stark. Immer wenn es ihr nicht gut ging, schlief sie viel.

***

Am nächsten Morgen wurde sie früh wach, es ging ihr wesentlich besser.

Kurz nach sieben Uhr ging sie laufen. Bewegung an der frischen Luft tat ihr immer gut. An diesem Vormittag hatte sie erst zur zweiten Stunde Unterricht und konnte so eine ausgiebige Runde in der Natur verbringen.

Die Sonne schien bereits mit vollem Einsatz vom Himmel, dazu kam noch die körperliche Anstrengung. So war sie in ihrer schwarzen Leggins und dem gelben T-Shirt ziemlich verschwitzt, als sie zurückkam. Auf dem Schulhof standen bereits vier Fahrzeuge einer Malerfirma und sie erblickte die ersten Handwerker. Einige Mädels schauten aus dem Fenster und kicherten leise. Jetzt entdeckte sie auch den Wagen einer Schreinerfirma. Warum tuschelten die jungen Frauen so?

Als sie den Wohntrakt betrat, wusste sie warum. Einige Handwerker hatten ihre T-Shirts ausgezogen und liefen oben ohne rum. Manche Männer konnten es sich leisten, andere nicht. Auf dem Weg nach oben kam ihr auf der Treppe ein hübscher junger Mann entgegen. Seine Augen strahlten so viel Wärme aus, dass sie direkt stehen blieb.

Aber auch der drahtige junge Mann blieb stehen. Mit einer langen Holzlatte bewaffnet, starrte er sie an. »Kommen Sie gern zuerst hoch.«

Natascha wurde ganz heiß. Nicht nur seine Augen waren schön, auch seine Stimme war so beruhigend. »Danke, das ist total lieb von Ihnen.«

»Ich bitte Sie.«

Jetzt sah sie seinen heißen, durchtrainierten Oberkörper mit kleinen festen Nippeln. Unter der Arbeitshose spähte eine Markenunterhose hervor.

»Hübsche Boxershorts.«

»Na ja, zum ersten Date würde ich sie nicht anziehen.«

Jetzt standen sie sich gegenüber. Sie konnte den Blick nicht von seinem Gesicht nehmen. Alles an ihm war schön. Seine Nase, die Lippen, die Ohren und erst dieser geile Körper. Sie war total *in love*. Natascha bewegte sich keinen Zentimeter. Der junge Mann tat es auch nicht. Beide schauten sich einfach nur an. Hunderte von Amors Pfeilen trafen ihr Herz.

»Sie sind schön«, stotterte er kaum hörbar.

»Wir sehen uns bestimmt noch«, war ihre kurze Antwort. Mit einem liebevollen Lächeln ließ sie ihn stehen.

Nachdem er außer Sichtweite war, wedelte sie sich mit ihrem T-Shirt Luft zu. Ihr war heiß und das nicht nur obenrum. Es kochte zwischen ihren Beinen. Die Lust nach Sex war schon vorher stark gewesen, aber jetzt gierte sie nach einem harten dicken Schwanz, und zwar dem des süßen Boys. Wie sah sie überhaupt aus? Scheiße, sie hatte so viel geschwitzt, dass man ihren BH durch das T-Shirt sah, ihre Leggins klebte auf ihrer Spalte und in ihrem Schritt. Man sah die Umrisse ihrer Panty. Was sollte er nur von ihr denken?

»Na, haben wir da gerade geflirtet?«

»Kelly, wenn du jetzt nicht gleich die Schnauze hältst, dann versohle ich dir deinen knackigen Arsch.«

»Mach es mir hart, du Dirty Bitch.«

Beide Frauen lachten. Doch so unrecht hatte ihre Freundin nicht. Der Augenblick mit dem smarten Boy war magisch gewesen und wenn sie ihre Spalte richtig einschätzte, dann würde sie nicht eher Ruhe geben, bevor sie seinen harten Kolben aufgenommen und den dicken Rüssel entsaftet hatte.

Natascha ging zum Fenster. Der heiße Maler stand jetzt mit einem Kollegen vor einem der Firmenwagen. Braun gebrannt war sein Oberkörper. Weich spiegelte sich die Sonne auf seinen Schultern wider. Je länger sie ihn anschaute, umso größer wurde ihre Lust. Doch wie sollte sie an ihn herankommen und sich bemerkbar machen?

Einige Mädchen aus dem Internat standen am Eingang und kicherten wieder so unfassbar unreif. Was sollte sie nur tun?

»Scheiße, ich bin ganz nass. Warum hat das Mineralwasser auch so viel Kohlensäure?«

Sie schaute zu ihrer Freundin, deren T-Shirt total nass war. Das war genau die Idee. »Kelly, du bist manchmal gar nicht so dumm, wie du aussiehst.«

»Ich? Eine hochklassige Pralinenschachtel ist nichts gegen mich.«

»Ja, ja.«

Natascha schnappte sich eine Flasche Wasser und einige Becher und trat auf den Schulhof. »Entschuldigung, ihr müsst ja schrecklich viel Durst haben. Ich habe Wasser dabei.« Sie füllte zwei Becher und hielt sie dem jungen Maler und seinem reifen Kollegen entgegen.

»Das ist total nett.« Dankbar nahm er das Glas, dabei berührten sich ihre Finger.

Natascha zuckte zusammen, als sie seine warme Haut fühlte.

»Wie heißt du?«

»Natascha, und du?«

»Kevin.«

»Ein schöner Name.« Die Hormone spielten verrückt. Ihre Gefühle stiegen in eine gigantische Achterbahn ein. Wenn er sie anschaute, ging es bergauf. Wenn er den Blick von ihr nahm, abwärts.

Kevin trank das Glas in einem Zug leer. Feine Wassertropfen liefen über sein Kinn.

Wie süß er aussah! Ihr Herz hüpfte vor Freude über seine Anwesenheit.

»Ich muss jetzt wieder rein. Wir sehen uns. Vielleicht.«

»Das wäre total schön.«

Hatte sie eine Schmetterlingsfarm in ihrem Bauch? Nein, es war ein Wald der Lust. Sie war unfassbar spitz. Als sie zurück in ihrem Zimmer war, fiel ihr Blick auf eine Banane, die im Obstkorb auf dem kleinen Arbeitstisch lag. Sie hatte die Form eines Schwanzes und ließ ihre Lust weiter köcheln. Sie wollte den Mann und sie wusste auch, wie sie ihn bekäme. Sie würde ihm in ihrem extrem kurzen Blumenkleid ihre geschmeidigen Beine zeigen. Oft hatte sie das Kleid bisher nicht getragen, es war zu kurz oder sie zu lang.

Mit einem leichten Grinsen öffnete Natascha einen kleinen Schuhkarton, der unter ihrem Bett stand, und holte einen kleinen olivfarbenen String heraus. In schwarzen Buchstaben stand darauf eine eindeutige Botschaft: »Fick mich«. Mehr gab es nicht zu sagen. Schon als sie das sündige Teil über ihre Knie zog, spürte Natascha eine Geilheit, die sich wie Feuer in ihrem Körper anfühlte. War sie schon jemals so erregt gewesen wie in diesem Augenblick? Wenn es nach ihrer Spalte ging, dann nicht. Es pochte und kribbelte in ihrem Leib. Doch wie sollte sie ihm ihre Botschaft überbringen? Tja, wofür gab es Treppen?

Sie wartete an ihrem Fenster. Kevin trat auf den Schulhof und holte einen vollen Eimer Farbe aus einem Wagen. Natascha sah ihren Augenblick gekommen. Rasend schnell flitzte sie zur steilen Treppe. Bisher hatte sie die Treppe als total veraltet empfunden, jetzt war sie die richtige Bühne für ihr Verlangen.

Kevin hatte gerade die ersten zwei Treppen erklommen, als sie sich an der Treppe positionierte und ihn mit ihrem schönsten Lächeln anschaute.

»Ich mach mich schlank, dann kannst du vorbei.« Er war so süß!

Sie stieg die Treppen herunter und lupfte ihr Kleid.

Mit großen Augen schaute er auf die sündigen Buchstaben.

»In fünf Minuten hinter den Büschen an der rechten Hausecke«, sagte sie leise. Schon senkte sich der helle Stoff wieder über ihre geile Unterwäsche.

Wie auf Wolken lief sie über den Schulhof. Am vereinbarten Treffpunkt versteckte sie sich hinter einem drei Meter hohen Busch. Zwischen der Pflanze und den dicken Mauern des Wohntraktes befand sie eine breite Schneise. Ihr Unterleib brannte vor Geilheit. Es musste schnell gehen, wenn er kam. Natascha zog ihren String aus. Das Teil war in der Mitte komplett nass. Ein kreisrunder Feuchtigkeitsfleck zeugte von ihrer Geilheit.

Kurz darauf hörte sie Schritte und versteckte sich schnell. An seinen schwarzen Haaren erkannte sie ihn. Sie fasste nach seinem Oberarm und zog ihn ins Gebüsch. Endlich gehörte er ihr.

»Du bist so heiß.« Sie wuschelte mit ihren Fingern in seinen Haaren herum.

Einen Augenblick später spürte sie seine Hände auf ihrem Arsch. »Und du trägst keine Unterwäsche mehr.«

»Warum auch? Ich will gefickt werden.« Ja, sie war läufig und es fühlte sich gut an.

Er drückte seine Lippen auf ihren Mund. Forsch ging er ans Werk und es war geil. Wilde Zungenspiele waren die Folge. Wie ein Weltmeister küsste ihr junger Lover. Natascha wurde noch geiler. Sie wusste gar nicht, wie sie mit der Situation umgehen sollte. Sie brannte lichterloh. Schnell öffnete sie seine Hose und befreite seinen harten Muskel. Augenblicklich wurden ihre Augen groß. Er hatte keinen Schwanz, sondern eine Waffe zwischen den Beinen. So einen harten Schwanz hatte sie noch nie gesehen.

Er packte ihren Kopf und zwang sie, seinen Riemen tief in den Mund zu nehmen. Kevin schmeckte fantastisch. »Blas ihn, du Bitch.«

Ja, so mochte sie es. Etwas härter war geil. So lange hatte sie einen Riemen vermisst und so war es eine Freude, ihn zum Stöhnen zu bringen.

»Besorg es mir.«

»Darauf kannst du dich verlassen.« Sie war eine läufige Hündin. Schmutzig blickte sie ihm in die Augen. Wie süffisant er sie anschaute.

Nun packte er ihren prickelnden Körper und drückte sie gegen die kalte Mauer. Heiße Schauer jagten über ihren Rücken. Er behandelte sie animalisch und genau darauf stand sie. Natascha hob ihre Beine und sprang ihn förmlich an. Wie ein Affe verschränkte sie ihre Schenkel hinter seinem Rücken und schwebte über den Boden. Sie fühlte seinen heißen Atem.

»Fick mich hart.«

Sie bekam nicht mit, wie er es machte, aber zwei Sekunden später spürte sie seinen harten Prügel an ihrer Spalte. Ihr Körper zitterte wie Espenlaub. Mit einer harten Beckenbewegung steckte er ihr seinen Rüssel unbeschreiblich tief in ihre Höhle. Das heiße Internatsgirl wollte ihre Lust hinausschreien, da spürte sie seinen Mund auf ihren Lippen. Es war einer ihrer intensivsten Höhepunkte. Der Traum vom ultimativen Orgasmus wurde für sie wahr. Ihr Körper schien durch den Fleischwolf gedreht zu werden. Mit kurzen harten Stößen bumste er sie kräftig durch und schenkte ihrem Leib keine Ruhe. Wie ein Tier, das sein Weibchen gefunden hat und sich mit ihr fortpflanzt, nahm er sie mit einer Selbstverständlichkeit, die sich toll anfühlte. Sie hing an seinem heißen jungen Körper und wartete auf seinen Samen.

Kevin nagelte sie förmlich gegen die Hauswand. »Jetzt spritz ich dich voll.«

Seine schmutzige Andeutung weckte weitere Lustzentren in ihrem Leib. Raue Hände, mit denen viel gearbeitet wurde, streichelten über ihren Arsch. Was war das? Ein warmer Finger strich durch ihre Ritze. Natascha hing so intensiv an seinem Körper, dass sie keine Kontrolle mehr über ihren Arsch hatte. Er konnte alles mit ihrem süßen Hinterteil anstellen.

Voller Lust schaute sie ihn an. »Will mich mein Hengst besamen?«

Schweiß stand ihm auf der Stirn und floss über sein Gesicht. Er pumpte nach Kräften und sie schmiegte ihren Unterleib noch intensiver gegen sein Becken.

»Du bist toll«, stöhnte er. Seine Stöße wurden unkontrollierter und sie spürte bereits, dass er nicht mehr lange durchhalten würde.

»Ich will deinen pulsierenden Stab haben.«

»Du bist eine Königin.«

Sie lächelte ihn verliebt an und drückte ihre Lippen erneut auf seinen Mund. Natascha wurde durchgeschüttelt wie Beton in einem Mischer.

Endlich spürte sie seinen Samen. Es war ein Traum, die warme Flüssigkeit tief in ihren Körper fließen zu spüren. Endlich wurde ihre Lust abgekühlt. Immer mehr Samen wurde ihr reingepumpt.

Kevin drückte sie noch einmal intensiv gegen die Wand. »Das war schön. Ich will mehr.«

»Du bist doch noch gar nicht fertig. Ich spüre deinen immer noch pulsierenden Schwanz.« Gern nahm sie beim Sex schmutzige Wörter in den Mund. Es war so schön verdorben und sie war tatsächlich eine kleine Bitch.

Zärtlich küsste er sie auf den Mund.

Natascha war hin und weg. Der Sex war geil und er verschwand nicht sofort. Was für ein Traummann! Sie ließ von ihm ab und setzte ihre Füße auf den Boden.

»Du musst dich waschen. So kannst du nicht in den Unterricht.« Jetzt machte er sich auch noch Sorgen um sie. *In love* war überhaupt kein Ausdruck für ihre Gefühle.

»Ich muss jetzt wieder arbeiten. Sehen wir uns wieder?«

»Schatz, was denkst du von mir? Ich bin eine brave Bitch.« Ihr Herz schlug Purzelbäume vor Glück.

Mit einem letzten Kuss verabschiedete er sich von ihr. Schmetterlinge waren kein Ausdruck für den Zustand ihres Körpers. Die Welt war schön. Warmer Saft lief über ihre Schenkel. Störte es sie? Nein, ihr Herz war ein einziges Blütenmeer von roten Rosen. Wie auf Luft ging sie zurück in den Wohntrakt und zog sich in aller Ruhe um. Eigentlich hatte sie nur noch zwei Minuten, bis die zweite Stunde begann und sie zum Unterricht musste. Unterricht? Was für ein langweiliges Thema.

Verträumt ging sie in den Schultrakt. Sie klopfte an eine Klassentür und öffnete sie. Neunzehn Mädchen und Thea Slowinski schauten sie an.

»Entschuldigung.« Mit schnellen Schritten ging sie zu ihrem Platz.

Kelly schaute sie fragend an. »Und?«

Sie grinste ihre Freundin nur an.

»Nein! Du hast ihn rangelassen. Wie war es?«

»Gigantisch. Ich habe das große Los gezogen. Kevin ist so was von heiß. Ich drehe total durch.«

Mit verträumten Augen schaute sie aus dem Fenster. Kevin war bei der Arbeit und sie konnte ihn wunderbar beobachten. Sein Körper war so was von schön. Doch sie wollte mehr. Viel mehr, und das sofort. In ihrem Kopf arbeitete es. Wie könnte sie ihn verführen? Ihr Blick fiel auf den alten Glockenturm, der schon lange nicht mehr in Betrieb war. Vor einem Jahr war der Hausmeister der Anlage in den Ruhestand gegangen. Der Herr war schon etwas betagt und sie hatte eine Gelegenheit genutzt, sich Kopien von allen Schlüsseln zu den Türen im Internat zu machen. Sex schien ihre Fantasie anzuregen und so kam ihr eine frivole Idee der Lust.

Der Unterricht war langweilig und zog sich. Ihr Körper gierte nach Sex. Harten, leidenschaftlichen und sündigen Sex wollte und brauchte sie.

Leider gab es an diesem Tag keine Gelegenheit mehr, mit Kevin zu sprechen, was ihren Vulkan der Geilheit noch mehr mit Lava speiste. Wenigstens hatte Natascha jetzt die Gelegenheit, sich besser vorzubereiten. So schaute sie sich am Nachmittag den Glockenturm an. Es war der perfekte Ort für ihre Verführung.

Die Nacht war kaum zu ertragen. Sie fühlte sich, als würde sie allergisch auf einen Mückenstich reagieren. Ihr Leib juckte und verzehrte sich nach Sex.

***

Am nächsten Morgen war sie maßlos nervös. Als sie aus dem Fenster schaute, lachte ihr die Sonne aus dem Arsch, so glücklich war sie. Vom Himmel schien der gelbe Himmelskörper auch, aber das war egal.

Schon als der Firmenwagen auf den Schulhof fuhr und sie seinen süßen Oberkörper sah, wurde sie nass. Heute war er fällig und sie würde endlich wieder hart gebumst werden.

Sofort eilte sie zu ihm.

»Hallo, schöne Frau.« Er war schamlos süß.

»Heute zur großen Pause wirst du die Kirche betreten. Eine Tür zum Glockenturm wird offen stehen. Du machst sie hinter dir zu und steigst die Treppen hinauf.«

»Ich muss doch arbeiten.«

»Machst du doch und löschst meine Geilheit. Ich will dich glücklich machen.«

Er grinste nur und streichelte ihr über den Arm. Mehr durfte und konnte nicht passieren. Sie waren nicht allein. Mit strahlenden Augen schaute sie ihn an. Noch nie hatte sie so viel für einen Mann empfunden. Meine Güte, was war die Welt für sie schön.

Der Unterricht begann. Schon nach zehn Minuten meldete sie sich wegen Periodenkrämpfen krank. War es ihr peinlich? Nein. Durch einen Geheimgang gelangte sie in den Wohntrakt. Die Spannung war kaum noch zum Aushalten. Kevin sollte nicht sehen, was sie vorhatte.

Lange brauchte sie nicht, bis sie sich vorbereitet hatte. Bekleidet mit einem goldenen Seidenumhang, den sie in den Tiefen ihres Schranks gefunden hatte, nutzte sie wieder den Geheimgang, um in die Kirche zu gelangen. Schnell schloss sie die Tür zum Glockenturm auf. Ihre Spalte pochte und gierte nach Sex.

Endlich wurde die große Pause eingeläutet. Von ihrer Position aus hatte sie einen hervorragenden Blick auf das Gelände des Internats. Schon sah sie ihn, wie er in Richtung Kirche lief. Sie spürte so viel Liebe wie noch nie in ihrem Leben. Die Vorfreude war die schönste Freude und so verhüllte sie ihren Kopf mit dem Umhang.

Die alten Stufen knarrten unter Kevins Schritten. Einen Moment später stand er vor ihr. Ihr Gesicht war immer noch unter der Seide verborgen. Wortlos lüftete sie den Stoff und ließ ihn zu Boden fallen. Ihr junger Geliebter bekam Schnappatmung. Natascha war komplett nackt.

»Der Pfeil und die Buchstaben sollen dir eine Hilfestellung geben.« Mit rotem Lippenstift hatte sie sich einen Pfeil auf den Bauch gemalt, der in Richtung ihrer Perle zeigte. Darüber stand in Großbuchstaben das Wort »NASS«.

Seine Geilheit war nicht zu übersehen. Kevin stellte sich vor sie und führte seine Hand zwischen ihre Beine.

»Die Maitresse will ihren Ordensritter glücklich machen.«

Natascha war Wachs in Kevins Händen. Als er sie an ihrer schönsten Stelle berührte, war es schon so weit. Als würde im brasilianischen Tropenwald eine Horde Vögel aufgeschreckt werden, die mit lautem Flügelschlag davonflatterte, erlebte sie einen Höhepunkt der Superlative. Ihr war kalt und heiß. Liebevoll stimulierte er ihre Perle. Sie konnte nicht mehr und öffnete seine Hose. Ein harter Aal presste sich in ihre Hand.

Er packte sie und drückte sie gegen das Fenster. Genauso wollte sie gevögelt werden. Die junge Internatsschülerin spreizte die Beine und beugte den Rücken. Kevin drückte sein Rohr gegen ihren Arsch.

»Steck ihn rein.«

Er erfüllte ihren Wunsch und steckte ihr seinen Stab tief unten rein.

»Ah, ist das gut. Mach es mir.«

Er ließ sich nicht treiben und streichelte ihre Hüften. Weiter berührte er ihren Arsch. Mehrere Minuten lang nahm er sie behutsam und verwöhnte sie mit seiner Langsamkeit.

Seine kontrollierte Art machte sie wahnsinnig. Sie stöhnte, seufzte und keuchte in einer Tour. Endlich berührten seine zarten Finger ihre Möpse. »Ja, reib meine Nippel.«

Diesmal ließ er sie weniger zappeln und verwöhnte zuerst ihren straffen Bauch, bevor er ihre Nippel zwirbelte.

Natascha wurde immer ralliger. Sie wollte nicht länger warten und griff nach seinen Eiern. »Ich mache alles, wirklich alles. Nur spritz endlich in mir ab. Ich schmelze dahin.«

Für Sekunden passierte nichts. Er bewegte sich keinen Zentimeter. Dann plötzlich nagelte er sie mit voller Wucht.

»Endlich! Besorg es deiner Schlampe!« Natascha war in völliger Ekstase. Es war der Fick des Jahres. Wie ein Stier nahm er sie und es war schön. Ein weiteres Mal verglühte sie unter seinem glühenden Speer, der sie nicht nur bumste, sondern sie vor Lust entzündete.

Endlich spürte sie wieder seinen Saft. Er kam nicht nur, er sprengte ihre Fotze mit harten Fontänen, mit denen sein Samen gegen ihre Gebärmutter knallte.

Sie brauchten Minuten, bis sie wieder einigermaßen normal atmeten.

»Ich habe uns ein Lager gebaut.« Sie zeigte auf zwei Decken und einen kleinen Snack, den sie vorbereitet hatte. Hand in Hand legten sie die drei Meter zu dem aufgebauten Lager zurück und legten sich auf die Decken. Noch nie hatte sie sich einem Mann so nah gefühlt. Völlig nackt lag sie neben ihm. Wenn sie sich bewegte, dann tropfte sein Samen aus ihrer Spalte. Wie ein Staudamm, der seine Sahne zurückhielt, sah es in ihrer Grotte aus.

Auch Kevin gab sich ganz natürlich. Weißer Schleim lag auf seinem Rüssel, der langsam in sich zusammenfiel. Es war wunderschön. Er fütterte sie mit Weintrauben und neckte sie leicht. Zwei verliebte Menschen, die sich ihrer Lust hingaben.

Immer wieder schaute er ihr zwischen die Schenkel. Kichernd spreizte sie obszön ihre Beine.

»Du bist so schön.«

»Schatz, meinst du mich oder meine Spalte?«, fragte sie mit einem Schmunzeln auf den Lippen.

Er bewegte seine Fingerspitzen spielerisch über ihre Schenkel. Wieder fühlte sie dieses gewisse Kribbeln in ihrem Körper. »Will mein Freund eine zweite Runde?«

Natürlich wollte er das, aber sie wollte es aus seinem Munde hören. Ihre Hand wanderte zu seinem Stab und machte es ihm langsam. Behutsam legte sie ihre Finger um seinen Aal und schob seine Vorhaut zärtlich vor und zurück.

»Ich kann das nicht von dir erwarten, aber ich möchte dir ins Gesicht spritzen. Du sollst mein Brandmal tragen.«

Ja, sein Wunsch war derb, aber schlimm? Nein. »Wenn mein Ritter das möchte, dann erfülle ich ihm gern den Wunsch.«

Kevin drückte ihr wieder seine Lippen auf den Mund. Ihre Körper begannen zu verschmelzen. Natascha musste nichts weiter tun, der Muskel zwischen den Beinen ihres Lovers war bereit.

»Ich mache es dir mit meinen Titten, dann ist es für dich schöner.«

Der junge Maler kniete sich über ihren Körper. Von Liebe getrieben, drückte sie ihre knackigen Möpse zusammen. Er lief aus. Noch nie hatte sie einen harten Speer gesehen, der so viele Tropfen der Lust verteilte. Nach vielleicht zehn Sekunden bedeckte sein Schleim ihre Titten. Langsam bewegte er sich und fickte mit seinem Schwanz ihre Brüste.

»Ja, das ist schön. Ich habe es mir so gewünscht.«

So emotional hatte sie auch noch keinen Stecher erlebt. Jetzt war er es, der Wachs in ihren Händen war. Sie presste nicht nur ihre Hügel zusammen, sondern immer wenn er sich bewegte, berührten ihre spitzen Fingernägel seinen Stab.

»Ja, das ist gut.«

Lange würde er nicht mehr brauchen. Auch sie fand es geil, einen fickenden Schwanz mal zu sehen und nicht nur zu spüren.

Seine Eier lagen schwer auf ihrem Bauch. War er schon wieder vollgeladen? Das war doch unmöglich. Immer härter rieb er sein Gemächt an ihrem Körper.

»Ich will dein Brandzeichen haben. Willst du, dass ich mit meinem verschmierten Gesicht in den Unterricht gehe? Jeder sieht dann, dass du mir ins Gesicht gespritzt hast und ich deine Schlampe bin.« Es machte ihr viel Spaß, ihn weiter aufzugeilen. So unterworfen hatte sie sich noch nie. Vielleicht war es etwas billig, aber egal.

Kevin zog seinen Stab aus ihren Titten heraus. Blitzartig packte sie seinen Schwanz und drückte seine Eichel auf ihre Lippen. Mit einer Hand machte sie es ihm knallhart. Natascha wichste sein Rohr mit einer enormen Geschwindigkeit.

»Du bist so eine gute Fotze.«

Für andere wäre es eine Beleidigung, für sie war es ein Kompliment. Seine Lust tropfte in Massen. Der farblose Schleim lief über ihre Wangen.

»Ich komme!«

Der erste Strahl Saft traf ihre Nase. Der nächste Strahl benetzte ihre Augen. Innerhalb von Sekunden lag eine Gesichtsmaske aus Samen über ihrem hübschen Gesicht. Sexy öffnete sie die Lippen und drückte seinen pulsierenden Pinsel auf ihre Lippen. Sein Samen schmeckte köstlich. Inzwischen war er fast leergepumpt.

Nachdem er noch drei Mal pulsiert hatte, schnaufte er durch, legte sich neben seine Traumfrau und säuberte liebevoll ihr Gesicht. »Du bist eine absolute Hammerfrau.«

Perverses Gemüse

»Du bist so ein perverses Schwein.« Melanie war außer sich vor Wut. Sie hatte die Bilder, die sich vor wenigen Stunden in ihren Kopf eingebrannt hatten, noch nicht einmal im Ansatz verarbeitet, da stand ihr Freund oder besser gesagt ihr Ex vor ihr und bettelte mit roten Rosen um Verzeihung.

»Mensch, Melanie. Jetzt sei doch nicht so. Die süße Sarah war einfach da und dann ist es halt passiert. Es war das erste Mal.«

Sie hätte kotzen können. Was bildete sich der Kerl ein? War sie nur ein Bückstück, deren einzige Aufgabe darin bestand, für ihren Lover da zu sein?

»Sie war einfach da? Spinnst du jetzt total? Ich lebe in einem Internat, da kann ich nicht alle zehn Sekunden für den Herrn springen, wenn er was will. Du wusstest doch, dass eine Fernbeziehung nicht einfach sein würde.«

»Fernbeziehung? Ich wohne einen Kilometer von dir entfernt.«

»Aber nicht hier im Internat. Ich kann nicht einfach mehrere Nächte wegbleiben, um es dir zu besorgen.«

»Ich kann es nicht glauben. Es geht immer nur um dich und dieses verrückte Internat. Ich bin dein Freund und du hast für mich da zu sein.«

Denise konnte das Elend nicht mehr mitansehen. Das Paar stritt in aller Öffentlichkeit. In dem kleinen Aufenthaltsraum im Wohntrakt des Internats war es seit Minuten laut. Die anderen Schülerinnen hatten sich schon lange verzogen. Das Gespräch war über den ganzen Flur zu hören. Denise hatte keine Lust mehr, dass ihre Freundin sich weiter quälte, und schritt ein. »Verpiss dich, Arschloch.«

»Was mischst du dich da ein? Es geht dich nichts an.«

»Torben, wenn du deine Eier behalten willst, dann verpisst du dich jetzt«, drohte Denise. Sie nahm ihre Freundin in die Arme, die den Tränen nahe war.

»Ich bin froh, dass jetzt Schluss ist. Mit dir ist es zum Kotzen. Immer nur dieses absolut launische und kindische Verhalten. An Sarah kannst du dir ein Beispiel nehmen, die bockt im Bett nicht so rum.«

Seine Worte trafen Melanie wie Pfeile.

»Besser du gehst jetzt oder es passiert was«, sagte Denise und schaute ihrem Gesprächspartner tief in die Augen.

Torben sprang auf und verschwand.

Jetzt brach Melanie in Tränen aus. Alle Dämme brachen und dicke Kullertränen liefen über ihre Wangen.

»Ist ja gut, der Arsch ist jetzt weg.«

Melanie kuschelte sich in die Arme ihrer Freundin. Der Schmerz über die verletzten Gefühle, die Scham und der Hass ihrem Ex gegenüber waren ein Cocktail, der sie einfach überforderte.

»Wir legen uns jetzt hin.«

Die zwei Freundinnen, die sich ein Zimmer teilten, schritten schnell über den Flur.

Wenige Augenblicke später erreichten sie ihr Zimmer und Denise schloss die Tür hinter sich. »Dem Arschloch haben wir es aber gezeigt. Wollen wir kuscheln?«

Melanie sagte kein Wort, sondern zog ihre Freundin aufs Bett. Die nächsten zwei Stunden gehörten die zwei sich allein.

»Ich hole uns mal was zu essen. Soll ich dir war Schönes mitbringen?«, fragte Denise.

»Schokolade und dich.«

»Witzig, mein Schatz.« Denise freute sich, dass Melanie schon wieder so lustig war. Seit zwei Jahren waren sie Zimmergenossinnen. Melanie war eindeutig die hübschere der beiden. Langes gelocktes rotes Haar, helle Haut und ein Körper, der einfach nur heiß war. Dazu intensive grüne Augen, volle Schmolllippen und zwei süße Arschbacken. Wenn Melanie den Raum betrat, zog sie sofort die Aufmerksamkeit auf sich. Die Rothaarige liebte große und emotionale Auftritte. Bei diesem Körper konnte sie es sich auch leisten. Ihre Schönheit war ein Traum und so war es nicht verwunderlich, dass sie sich vor Typen nicht retten konnte.

Was für viele Frauen ein Traum war, war aber auch ein Fluch. Immer wieder fiel sie auf Dumpfbacken rein. Mit traumwandlerischer Sicherheit wählte sie immer die schlimmste Hohlbirne aus. Wobei Denise aber auch einräumen musste, dass ihre Freundin nicht einfach war. Melanie war eine kleine Diva. Wenn sie nicht im Vordergrund stand oder nicht die Aufmerksamkeit bekam, die sie sich vorstellte, dann war schon schnell mal Zickenalarm.

Auf dem Weg zur Kantine traf Denise Malou, eine der vielen afrikanischen Schülerinnen im Internat.

»Was war das heute Nachmittag?«, fragte die hübsche junge Frau aus Ghana.

»Melanie hat Schluss gemacht. Ihr Typ ging fremd.«

»Was für ein Idiot. Die süße Maus würde ich nicht von der Bettkante schubsen oder mir zumindest einen Kerl mit ihr teilen.«

Es war bekannt, dass Malou auf beide Geschlechter stand. Denise grinste, sie hatte selbst schon mal überlegt, etwas mit der dunkelhäutigen Schönheit anzufangen. Malou war heiß. Mit ihren langen geflochtenen Haaren, den schneeweißen Zähnen und ihren geilen Möpsen war sie eine Augenweide. Gern ging Denise mit ihr unter die Dusche. Immer wenn sie sich im Duschraum trafen, wurde Denise ganz flau im Bauch. Ihre Muschi war einfach toll. Wenn Malou sich untenrum wusch, dann konnte man ihr zartes Mösenfleisch sehen. Ein Traum.

»Ja, es geht ihr nicht so gut. Ich hole schnell was zu essen für uns und dann verbringen wir einen gemütlichen Abend.«

»So. Ich muss auch weiter. Heute Abend läuft ein erotischer Film im Free TV. Geht um eine Schriftstellerin, die gerade einen erotischen Roman schreibt und sich in ein Haus einmietet. Doch ein junges Paar hat das Haus mit Pool zur selben Zeit gemietet. Die Frauen freunden sich an und die ältere Frau verliebt sich in die junge Frau, die daraufhin ein heißes Spiel mit der reifen Lady beginnt und sich vor deren Augen von ihrem jungen Lover bumsen lässt. Was für eine geile Story, ich bin jetzt schon ganz geil. Herrlich.«

Denise lachte leise. Noch nie hatte sie eine so lüsterne Freundin gehabt. Das war einer der Vorteil der internationalen Mädchenschule, die den Namen Barbara-Melzbusch-Schule trug. Es gab ein Austauschprogramm mit einigen Mädchenschulen in Afrika und so lebten Schülerinnen aus Afrika häufig für einige Wochen oder Monate im Internat. Einige Schülerinnen blieben ganz, so auch Malou.

Denise setzte ihren Weg fort und erreichte kurz darauf den Speisesaal.

Als Nächstes wurde sie von Jinjin angesprochen. »Wie geht es Melanie?«

»Kannst du dir ja vorstellen. Ist nicht so einfach.«

»Ja, da hast du recht. Wird aber wieder. Richte ihr bitte liebe Grüße von mir aus.«

»Klar.«

Was war an diesem frühen Abend nur los? Alle kamen plötzlich um die Ecke, um sie anzusprechen. Jinjin war eine junge Chinesin, die von deutschen Eltern adoptiert worden war. Sie lebte schon seit ihrem zweiten Lebensjahr in Deutschland und sprach besser Deutsch als so mancher Deutsche.

Mit zwei Tellern voll leckerem Essen ging sie zurück zu ihrer Freundin.

***

Eine Woche lang verbrachten die zwei jede Minute zusammen. Langsam schien es so, als würde es Melanie wieder besser gehen. Es war Sommer und die Temperaturen stiegen bereits im Juni auf angenehme fünfundzwanzig Grad.

Als Denise an einem späten Nachmittag in ihr Zimmer kam, stand Melanie völlig nackt im Türrahmen zum Badezimmer, das sich die zwei Frauen teilten, und hielt sich einen kleinen Ventilator zwischen ihre sauber rasierte Spalte.

»Kannst du dir bitte was anziehen? Wenn Malou dich so sieht, dann will sie mit dir bumsen.«

Melanies Spalte glänzte, was aber wohl eher nicht an der Hitze lag.

»Ich bin so geil, dass auch das für mich eine Option ist. Ich brauche einen Schwanz. Vorhin habe ich während des Unterrichts auf einen Fahnenmast geschaut und wurde so was von geil. Wenn das so weitergeht, dann bumse ich wirklich bald mit einer Frau. Meine Güte, bin ich rallig.«

Denise grinste. Langsam wurde ihre Freundin wieder die Alte. Doch auch sie spürte die Lust auf Sex. Im Gegensatz zu Melanie hatte sie lange schwarze Haare und war an manchen Stellen etwas fülliger. Hübsch war sie auch. Mit ihrem Gesicht war sie sehr zufrieden. Geschwungene Augen, eine süße Stupsnase und breite Lippen machten ihr Gesicht sexy. Auch ihre Brüste waren schön, nur ihr Becken war einfach zwei Konfektionsgrößen zu groß.

Denise experimentierte mit Fotos auf ihren sozialen Kanälen. Gern zeigte sie sich dort auch etwas freizügiger. Ihre Follower waren mit ihrem Körper zufrieden, aber sie hätte sich eine etwas schmalere Taille gewünscht. Auch sie verspürte seit einigen Wochen wieder vermehrt Lust auf Sex. Mit einigen Typen chattete sie ab und zu und da ging es auch gern mal etwas direkter zur Sache. Im Gegensatz zu Melanie stand Denise auf schnelle Nummern. Sich im Netz austauschen, sich treffen, heißen Sex haben und sich dann nie wiedersehen. So war das perfekte Sexleben für Denise. Doch im Augenblick war unter ihren Followern kein Typ zu finden, den sie attraktiv genug fand, um heißen Sex zu haben.

Malou öffnete die Tür und schaute Melanie mit großen Augen an. »Ah, da ist ja meine zukünftige Freundin. Du musst dich untenrum nicht kühlen, ich lüfte dich gern.«

»Witzig. Wenn es so weitergeht, dann kannst du mir gern was reinschieben. Ich bin so was von untervögelt. Was für eine Scheiße.«

Zu einer Antwort kam es nicht. Jinjin stand plötzlich in der Tür. »Mädels, ich habe eine schlechte Nachricht für uns alle. Wir haben Küchendienst. Wenigstens können wir uns die Stunden als Praktikumszeit anrechnen lassen. Hauswirtschaft ist ja cool, aber den Küchendienst hätten sie sich wirklich schenken können. Ist doch Scheiße.«

»Wer von uns hat denn alles Küchendienst?«, fragte Denise.

»Wir vier.«

»Dann haben wir ja viel Zeit für uns. Melanie, ich sitze bei dir und deinen süßen Busis.« Malou leckte sich bei ihren Worten lüstern über die Lippen und schaute Melanie geil an.

»Du hast ja wohl mehr.« Denise schaute gierig auf Malous Hupen, woraufhin die ihr T-Shirt lüftete und ihren roten BH zeigte.

»Ich mache alles, um euch zu bekommen.«

Die vier Mädels lachten laut los.

***

Alle jungen Frauen im Internat mussten das Schulfach Hauswirtschaft belegen. Dazu gehörte auch der Küchendienst in der Küche des Internats. Man legte viel Wert auf gesunde Ernährung und so wurden ausschließlich Nahrungsmittel aus der Region eingekauft und zubereitet. Insgesamt wohnten hundert Schülerinnen im Internat. Es war also nicht groß, weshalb der Küchendienst nicht ganz so anstrengend war. Natürlich gab es auch fest angestellte Köche und Küchenhilfen, aber es war vom Lehrplan her vorgesehen, dass in der Küche geholfen werden sollte, auch wenn die Aufgabe keinen besonders hohen Stellenwert unter den Schülerinnen hatte.

»Wann müssen wir los?«, fragte Melanie.

»Heute Abend. Diese Woche finden doch die vegetarischen Tage statt. Es soll mehrere Salate geben, deswegen müssen wir schon heute ran an die Arbeit.«

»Ich arbeite gern mit dir, Melanie.« Malou grinste.

Die beiden hatten ein besonderes Verhältnis und neckten sich gern mal. Ob Malou wirklich scharf auf ihre deutsche Freundin war, wusste wohl nur sie selbst.

***

Nach dem Abendessen meldeten sich die vier zum Küchendienst beim Koch. Jürgen Stein war seit mehreren Jahren Chefkoch im Internat und bei den Schülerinnen sehr beliebt. Der Vierundfünfzigjährige hatte selbst drei Mädchen zu Hause und kannte sich mit den kulinarischen Wünschen von jungen Frauen aus. Auch Sonderwünsche erfüllte er gern mal. Er hatte außerdem immer einige schöne Schokodesserts auf Vorrat da. Wenn eins der Mädchen mal Frust hatte, konnte sie sich eine Kalorienbombe auf die Hand abholen, wie es der Chefkoch gern formulierte.

»Da seid ihr ja. Heute ist die Aufgabe nicht so doll, muss aber gemacht werden. Für die nächsten drei Tage leben wir vegetarisch, daher ist ganz viel Gemüse zu schneiden. Ihr kümmert euch bitte um Möhren, Bohnen, Stangensellerie, Radieschen, Gurken und Rhabarber. Alles klein schneiden und in die entsprechenden Schüsseln legen. Diese dann mit Folie überziehen und das Ganze in den Kühlschrank. Anschließend ist Feierabend. Ach ja, ihr schreibt bitte zwei Stunden mehr auf, weil ihr am Abend arbeitetet und ich weiß, dass das kein besonders cooler Job ist. Noch Fragen?«

Die Mädels grinsten sich an. So kannten sie ihren Chefkoch. Ein total entspannter Typ.

»Nein«, stimmten die vier gemeinsam an.

Jürgen Stein nahm die Antwort mit einem zufriedenen Gesichtsausdruck zur Kenntnis und verabschiedete sich.

Nachdem er verschwunden war, schauten die vier Freundinnen auf die Berge von Gemüse, die auf sie warteten.

»Mädels, es geht los. Wer mehr schafft, darf meinen String sehen.« Melanie lachte schräg auf. Sie war in der Gruppe für ihre oft anzüglichen Kommentare bekannt und so wunderte sich keins der vier Mädels über ihre Aussage.

Sie machten sich an die Arbeit. Es ging wirklich kaum voran.

Jeder Hausfrau war klar, wie viel Arbeit schon allein darin bestand, Möhren zu schälen.

»Boah, Mädels, ich habe keine Lust mehr. Das ganze Gemüse schälen, da werden wir doch nie fertig.«

Ja, die Stimmung war schlecht. Alle vier Mädels hingen ihren Gedanken nach.

Plötzlich sagte Jinjin: »Fast wie ein Schwanz.« Sie hielt eine besonders dicke Stange Sellerie in die Höhe.

Die Mädels schauten sich an und brachen erneut in einen Lachflash aus. Tränen wurden gelacht.

»Ich habe eine Idee.« Melanie nahm sich ebenfalls eine Selleriestange und schaute lachend in die Runde. »Wenn man Radieschen aushöhlt, dann kann man die schön auf den Stangensellerie ziehen und hat geile Liebeskugeln.«

»Du spinnst doch, das funktioniert nie.« Malou sprach die Worte mit einer so großen Überzeugung und Selbstsicherheit aus, dass der Kampfgeist in Melanie geweckt wurde.

»Wie machen einen Deal. Jeder von uns bastelt sich Liebeskugeln aus dem Gemüse. Wer sich dann traut, sich das Teil unten reinzustecken, der gewinnt.«

»Ist doch langweilig. Dann wissen wir immer noch nicht, wer gewonnen hat. Wir müssen eine Testperson finden.«

Denise war davon überzeugt, dass das Thema jetzt durch war. Wer würde sich schon so ein dickes Teil unten reinschieben? Die vier schwiegen und arbeiteten weiter. Doch die Stimmung war aufgeladen. Es lag Erotik in der Luft. Was auch nicht verwunderte. Vier junge Frauen, die Lust auf die Welt hatten und sich weiterentwickeln wollten. Auch im Bereich Erotik.

Jinjin sprang auf. »Scheiß drauf. Ich bin so geil, dass ich mir das Gemüse unten reinschiebe.«

»Das ist pervers.« Denise traute ihren Ohren nicht. Das war ziemlich derb, was die hübsche Chinesin anbot.

»Du bist jetzt mal ruhig. Ich entscheide, was ich mir reinstecke. Ihr könnt euch gar nicht vorstellen, wie geil ich bin. Scheiße, ich habe mir schon einen Füller unten reingesteckt. Ohne Typen ist es schlimm.«

»Na gut, dann nehme ich aber die Zeit. Ihr habt fünf Minuten.« Denise schaute zur Uhr.

»Ich ziehe mich schon mal aus.« Bevor die drei Mädels etwas sagen konnten, zog sich Jinjin schon ihren sexy Rock aus. Darunter kam ein weißer String zum Vorschein. Auch der Pullover fiel zu Boden. Ein passender BH kam zum Vorschein.

»Sehe ich da etwa Haare?«

Drei gierige Augenpaare lagen auf Jinjins Schoß. Die wurde leicht rot. »Ja, die chinesischen Boys stehen einfach auf Haare. In den letzten Ferien hatten wir viel Besuch.«

Was die hübsche Asiatin meinte, war klar. Ihr Körper war schlank und unglaublich heiß.

Wieder schaute Denise zur Uhr: »Also, es geht los. Drei. Zwei. Eins. Los.«

Malou und Melanie griffen sich eine Selleriestange und schälten sie.

»Das sieht aus, als hättet ihr Schwänze in der Hand.« Auch Denise spürte inzwischen diese unglaublich intensive Lust in sich. Ihre Mumu brannte vor Lust. Mit großer Aufmerksamkeit schauten Denise und Jinjin ihren Freundinnen zu. Beide arbeiteten mit großer Genauigkeit. Langsam nahmen die Lustkugeln Form an. Die ersten Radieschen wurden über die weiße Stange geschoben. Die Kombination aus roten Radieschen und dem weiß-grünen Stangensellerie sah geil aus.

»Mädels, ihr habt noch drei Minuten.«

Der Wettkampf ging weiter. Beide strengten sich an. Die Liebeskugeln nahmen immer mehr Gestalt an.

»Fertig.« Mit einem triumphierenden Gesichtsausdruck rief

Melanie das Wort, welches das Ende des Wettkampfs bedeutete. Das Gemüse sah ziemlich geil aus, aber es war auch Sünde pur.

Jinjin schaute sich die gebastelten Hilfsmittel an. Nun zog sich die hübsche Asiatin ganz aus. Sie war ein absoluter Hingucker. Kurze schwarze Haare, dunkle Augen, ein rundes Gesicht und ein sehr schlanker Körper machten die junge Frau sehr attraktiv. Ein winziger Pelz bedeckte ihre Spalte. Ihre Titten waren schön, aber doch eher klein, wie bei vielen Frauen aus ihrer Region der Welt.

»Leg dich auf den Tisch, wir wollen dir zusehen.« Melanies Stimme war ganz heiser. Seit der Trennung von ihrem Ex hatte sie endlich wieder Lust auf Sex, wenn auch nur als Zuschauerin.

Auch Malou war ziemlich erregt. Für heiße schwarze Girls war es zwar einfach, an Typen zu kommen, aber nicht in einem Internat, auch wenn sie den Zusammenhalt unter den Mädels sehr schätzte. Ein Schwanz war halt ein Schwanz.

Die beiden Kontrahentinnen legten ihr gebasteltes Selbstbefriedigungsgemüse auf den Tisch.

»Wer hat die größeren Radieschen genommen?«, fragte Denise und kicherte verlegen.

»Mir egal, ich schieb mir jetzt ein Teil rein. Nehmt mal das Gemüse weg.«

Das Gemüse wurde vom Arbeitstisch geräumt.

Die hübsche Chinesin legte sich auf den Tisch und hielt den ersten Sellerie-Radieschen-Stick in den Händen.

»Leck ihn, als wäre es ein Schwanz.«

Alle schauten Denise an, die sich wieder für ihre Worte schämte. Was die Mädels nicht wussten: Sie stand total auf Französisch. Es gab nichts Schöneres, als eine harte Lunte im Mund zu haben und sie zum Pulsieren zu bringen. Schon der Gedanke an eine salzige klebrige Masse, die warm war und die sie schlucken musste, ließ sie feucht werden.

Feucht war ein gutes Stichwort. Der Frauen schauten Jinjin lüstern zwischen die Beine.

»Die Sau ist feucht.« Mit trockenen Worten beschrieb Malou, was sie sah.

Wieder wurde herzhaft gelacht.

Endlich war es so weit. Jinjin nahm die erste Stange Sellerie in den Mund. Mit den Zähnen umspielte sie den langen Stab.

»Blas den Kolben stärker.«

»Ich denke, es sind Liebeskugeln?«

Malou und Denise schauten sich an.

»Egal, ich leck alles weg.« Jinjin lutschte nun an einer runden, knallroten Radieschenkugel. Es wurde still, die Mädchen schauten ihr zu. Lange lutschte sie an dem Gemüse. Ihre kleinen Warzen richteten sich auf. Sie führte das nasse Gemüse über ihre Brust zu ihrem Bauchnabel. Der Selleriestab umspielte ihren Bauchnabel und glitt dann zu ihrer Spalte. Dick war er und die Radieschen groß. Mehrfach umspielte Jinjin ihre Spalte, was nicht ohne Wirkung blieb. Eine feine dünne Nässe legte sich auf ihre Möse.

»Schieb es dir rein.« Bei diesen Worten biss sich Malou auf die Zähne und schaute fasziniert auf die Spalte ihrer Freundin, die nass glänzte. Sehr nass.

Langsam schob Jinjin sich das untere weiße Ende der Gemüsestange rein. Ihr Körper zuckte zusammen. Es war für sie das erste Mal, dass sie es sich mit Gemüse machte. Ihr Atem beschleunigte sich. Bald schon spürte sie die erste Wölbung an ihrer intimen Öffnung. Ein wenig Respekt hatte sie schon vor der roten Kugel. Behutsam drückte sie sich die Kombination weiter unten rein. Es stockte. Die Breite der Radieschen auf dem Sellerie dehnte sie unglaublich intensiv. Doch es fühlte sich gut an.

Jetzt konnte auch Denise nicht mehr. Sie war wohl von den verbliebenen drei Mädels diejenige, deren Qual der Lust am stärksten war. Innerhalb von Sekunden zog sie sich auch aus und griff nach dem zweiten Stab. Schon allein das dicke feuchte Ding in den Händen zu halten, geilte sie so stark auf, dass sie feuchte Hände bekam. Doch nicht nur die waren schnell nass, auch untenrum war sie bereit. Wieder schaute sie zu Jinjin, die sich inzwischen ein Drittel der Stange reingeschoben hatte und langsam zu schwitzen begann. Denise war so rallig, dass sie leicht ihre Beine spreizte und sich das harte Teil mit Wucht unten reinschob. »Ah, ja. Ist das gut. Ich brauche es so dringend.« Sie stöhnte diese Worte in einer Tonlage heraus, die bei Malou und Melanie zu einem intensiven Kichern führte. Denise war es egal, für sie zählte nur der Lustfaktor und der war sehr groß. Wie ein Wasserrohr, das Luftblasen transportiert und sich wölbt, fühlte sich ihre Spalte an. Das Teil war gigantisch. Jetzt hatte sie sich wieder etwas unter Kontrolle und verwöhnte sich langsamer und genussvoller.

Jinjin machte es vor, sie hatte bereits die dritte der vier Kugeln in sich aufgenommen. Inzwischen lief sie aus. Ihre Schenkel zitterten vor Lust.

Das Lustspiel ihrer Freundin und der eigene Fremdkörper in ihrer Spalte geilten Denise weiter tierisch auf. Auch sie hatte jetzt die zweite Kugel in sich aufgenommen und es war geil. Als würde sie aufgerissen werden – so fühlte sich die dicke Kugel in ihrem Körper an.

»Boah, ist das geil. Alles, was ich jemals Negatives über Gemüse gesagt habe, nehme ich hiermit zurück. Es ist so schön.« Denise konnte ihre Gefühle kaum noch unter Kontrolle halten. Die Lust war einfach zu stark. Die Ähnlichkeit mit einem richtigen harten Muskel aus Fleisch und Blut war erstaunlich.

Jinjin fickte sich jetzt hart. Mit langsamen Bewegungen führte sie sich selbst dem Höhepunkt der Lust entgegen. Es sah rattenscharf aus, wie sie sich mit Gemüse glücklich machte.

Denise folgte dem Beispiel und machte es sich jetzt etwas langsamer. Wer würde wohl zuerst kommen und wer wollte überhaupt kommen? Eine wohlige Wärme machte sich in Denise breit. Ihr Körper genoss die Stimulation in vollen Zügen. Anstatt Blut floss glühende Lust in ihren Adern. Immer weiter erklomm auch sie den Berg zum Höhepunkt.

»Es ist so geil. Scheiße, ich komme!« Jinjin war die Erste. Sie nahm die Hand von dem Gemüsedildo mit den Lustkugeln und verschränkte die Arme hinter dem Kopf. »Ah, ist das schön.« Ihr zarter asiatischer Körper bäumte sich auf und zitterte. Schweiß tropfte von ihrer Stirn auf den Tisch. Ihr Unterleib zuckte und schoss den Sellerie förmlich aus ihrem Körper. Die mit feinem Mösenschleim benetzte Stange traf Malou, die direkt vor Jinjin stand und ihr hemmungslos zwischen die Beine geschaut hatte. Der Sellerie prallte ab und landete auf dem langen Küchentisch.

Ein großer See von Lust hatte sich unter Jinjins Hintern gebildet.

Der Höhepunkt ihrer Freundin hatte auch für Denise lustvolle Konsequenzen. Es sich selbst zu machen und dabei noch eine Frau zu beobachten, wie sie sich verwöhnte, waren zwei Lustfaktoren, die zusammen eine geile Mischung der Erregung ergaben. Immer härter machte sie es sich selbst und dachte an einen salzigen Stab, den sie nach einer heißen Nummer sauber lecken musste. Nun schloss sie die Augen und gab sich ihrem Höhepunkt hin, der sie tierisch durchschüttelte. Schüttelfrost war nichts gegen diesen intensiven Orgasmus. Ein Lichtermeer aus Kerzen erleuchtete ihre Spalte und spiegelte sich im See ihrer Lust wieder. Ihr Atem ging schneller und schneller. Mit einem tiefen Seufzer genoss sie den unerwarteten Gipfel der Lust.

Kurz herrschte totale Stille in der Küche. Niemand sprach ein Wort oder erlaubte es sich, zu atmen.

»Ich weiß, ihr mögt meine Vagina, aber könnte mir jetzt vielleicht mal jemand hochhelfen? Ich möchte mich gern untenrum trocken wischen.«

»Vagina?«, fragte Malou und prustete aus lauter Kehle los.

»Ihr seid so fies. Wer hilft mir jetzt?«

»Du kannst dazu gar nichts mehr sagen, Malou. Der Sellerie hat dich wie beim Völkerball abgeschossen. Du bist raus.«

Melanie fand zuerst die Sprache wieder und half Jinjin beim Aufstehen.

»Was haben wir noch an Gemüse?« fragte Malou und schaute gierig auf den Tisch.

»Rhabarber ist schön lang und dünn.«

Melanie sprach die letzten drei Worte ganz langsam aus. Der Gedanke, der sie in diesem Augenblick erfasste, war einfach zu schmutzig.

»Und Möhren. Ich habe mal einen Porno gesehen, da hat es sich eine Frau mit einer Möhre gemacht. Ich könnte mir auch so eine lange Karotte unten reinschieben.«

Malou war ganz heiß und zog sich ebenfalls aus. Denise war gespannt auf die Muschi ihrer Freundin. Sie liebte Malous helles Fleisch.

Melanie wurde immer stiller und schaute den Rhabarber sündig an.

Denise hatte einen Verdacht. »Melanie, an was für versaute Sachen denkst du?«, fragte sie ihre Zimmergenossin.

»Das darf ich nicht sagen.«

Diese vielsagende Antwort, die keine war, weckte die Neugier der Mädchen. Sechs Augen schauten sie fragend an.

»Jetzt rück schon raus damit. Ich habe es mir hier vor euch auch selbst gemacht.« Jinjin liebte Geheimnisse und so war es nicht verwunderlich, dass sie besonders neugierig auf das Geheimnis war, das Melanie offenbar nicht teilen wollte.

»Es ist schmutzig.«

Da hatte sie was gesagt. Die Neugier ihrer Freundinnen war jetzt nicht mehr zu bremsen.

»Du bekommst eine Woche meinen Nachtisch.«

Malou wusste, dass Melanie total auf süße Sachen abfuhr, und so hoffte sie, ihre Freundin mit der Aussicht auf Schokolade zum Reden zu bringen.

»Torben wollte es immer anal mit mir machen, aber ich hatte Angst. Ich könnte meine anale Unschuld ja mit dem Rhabarber verlieren.«

»Wenn du das machst, dann mache ich es mir mit der Möhre.«

Malou zog sich nun auch String und BH aus. Schon griff sie nach einer besonders dicken Möhre. »Mädels, ich mache es.«

Nun zog sich auch Melanie aus.

Der Tisch war von Jinjin herrlich angewärmt. Malou setzte sich im Schneidersitz darauf und spreizte die Beine. Wie Denise es sich gewünscht hatte, konnte sie die hellen Innenseiten der Muschi ihrer dunkelhäutigen Freundin sehen.

Melanie suchte immer noch die richtige Stange für eine Entjungferung. Besonders rot und lang sollte sie sein. Bald wurde auch sie fündig. So geil war sie schon lange nicht mehr gewesen. Sich vor Publikum etwas in den Arsch zu stecken, fühlte sich geil an. In der Doggy-Position kniete sie sich auf den Tisch, der locker beide Mädels trug.

Nun lutschten die zwei Freundinnen intensiv an ihrem ausgewählten Gemüse, während sie von Jinjin und Denise aufmerksam dabei beobachtet wurden.

Malou war als Erste so weit und begann, mit der harten Karottenspitze an den Innenseiten ihrer Schenkel zu spielen. Den kleinen Faden, den Biomöhren meist an der Spitze hatten, ließ sie dran und verwöhnte sich damit. Wie für die anderen in der Küche auch, war es für sie eine Premiere, es sich mit Gemüse selbst zu machen. Ein wenig verdorben war es schon, aber als sie Melanie sah, wie sie mit der Rhabarberstange an ihrer Kiste spielte, verlor sie die letzten Hemmungen und schob sich die harte knackige Spitze in ihre Pflaume. Es war ungewohnt und fühlte sich komisch an, war aber nicht unangenehm. Weiter und weiter steckte sie sich das Gemüse unten rein.

Melanie hatte inzwischen ihr Gemüse auch ausreichend angefeuchtet und umspielte ihre Rosette. Sich selbst etwas Hartes hinten reinzudrücken, kostete Überwindung. Sie hatte Respekt davor. Mehrere Minuten überlegte sie noch, aber die harte Stange fühlte sich richtig schön geil an ihrem Arsch an und so wagte sie den Schritt und drückte sich das Teil langsam in ihren dunklen Schlauch. Nur im ersten Augenblick tat es weh und der Schmerz war lustvoll. Sie ließ ihren Hintern sich an das Gemüse gewöhnen und wartete einige Minuten, bis sich ihr Arsch mit dem Fremdkörper darin gut anfühlte. Nun machte sie ganz langsam weiter. Der Schließmuskel war schnell überwunden und sie genoss das ungewöhnlich intensive Gefühl in ihrem Körper.

Malou war schon weiter und bumste sich selbst. Jinjin und Denise wussten gar nicht, wo sie zuerst hinschauen sollten. Die afrikanische Schönheit stöhnte leise auf. Ihre dunklen Titten waren eine Augenweide. Schön rund und so herrlich fleischig. Sie hatte große, steinharte Nippel. Ein traumhafter Anblick. Ihr Bauch zitterte vor Geilheit. Der Kontrast zwischen dem dunklen Körper und der hellen Möhre war geil. Bis zum grünen Kraut verschwand der biologische Fremdkörper in dem dunklen Leib.

Melanie steckte sich die halbe Stange hinten rein. Es war gar nicht so schlimm, wie sie befürchtet hatte. Auch sie hatte die grünen Blätter nicht entfernt und so sah es für die beiden Zuschauerinnen noch geiler aus. Langsam begann Melanie, es sich selbst zu machen. Das ungewohnte Gefühl, etwas Hartes in ihrem Arsch zu fühlen, war sensationell erregend. Sie fühlte sich so schmutzig und doch so geil. War es pervers und versaut oder lustvoll und erregend? Diese Frage geilte Melanie noch weiter auf. Es tropfte aus ihrer Perle. Ein sicheres Zeichen dafür, dass sie ziemlich geil war.

Malou genoss ebenfalls Melanies schmutzige Art der Selbstbefriedigung und es geilte sie weiter und weiter auf. Immer härter machte sie es sich selbst. Von der ganzen Situation erregt, spürte sie, wie der Höhepunkt der Lust sich ihrem Körper näherte und ihn langsam erfasste.

»Ist das gut! Ich liebe Gemüse!« Mit diesen Worten kam Malou und erlebte einen intensiven Höhepunkt. Sie brauchte nicht lang, um sich wieder zu fangen.

Melanie machte es sich immer noch selbst. Sie genoss es sichtlich, ihren Anus mit einer Stange Gemüse zu penetrieren. Die Angst, die sie vor anal gehabt hatte, war unnötig gewesen. Mittlerweile fühlte es sich gar reizvoll und schön an. Was ihrer Lust guttat. Langsam spürte auch sie einen Orgasmus auf sich zukommen.

»Komm. Komm. Komm.« Ihre drei Zuschauerinnen klatschten im Takt und feuerten ihre Freundin an. Es fühlte sich so schmutzig an, etwas im eigenen Arsch zu haben, was ihre Mädels sehen konnten, und es pushte sie. Die Stimmung wurde immer aufgeheizter. Melanie machte es sich weiter selbst und genoss die Aufmerksamkeit, die einen lustvollen Hintergrund hatte. Plötzlich riss eine gewaltige Detonation ihren Körper auseinander. Ein Atompilz war nichts gegen den Ausflug in den Olymp der Befriedigung. Ihr blieb die Luft weg. Für Sekunden sah sie nur noch Sterne. Zitternd sackte sie zusammen und grinste breit über das ganze Gesicht.

»Schatz, du musst langsam aufstehen. Wir wollen fertig werden.«

»Kann man nicht mal seinen Höhepunkt in aller Ruhe genießen.« Melanie war total euphorisch. Der Höhepunkt war genial gewesen. Langsam setzte sie sich auf. Ihr Arsch schmerzte leicht. In dem Augenblick schaute sie zu Malou, die bereits aufgestanden war. Erneut hatte sich ein kleiner See der Lust auf dem Tisch gebildet.

»Sind wir versaut, Mädels?«, fragte sie und streichelte ihre Spalte.

»Na ja, wenn man es als pervers bezeichnen will, dass wir uns mit Gemüse selbst befriedigen, dann ja.«

Jinjin lachte bei diesen Worten leise. Ja, vielleicht war es derbe, aber auch schön.

Die vier Mädels machten sich daran, die verräterischen Spuren zu beseitigen, und bereiteten weiter das Gemüse zu.

Als sie fertig waren, gingen sie glücklich schlafen.

***

Am nächsten Tag ging bis zum Mittagessen alles seinen gewohnten Gang.

Jinjin und Malou warteten auf Denise und Melanie.

»Endlich, da seid ihr ja.«

Jinjin schaute mit einem spitzbübischen Blick in die Runde. »Wisst ihr, was wir jetzt machen? Wir essen das Gemüse, mit dem wir uns befriedigt haben. Ich will unbedingt den Rhabarber probieren.«

Eine erotische Spannung legte sich über die vier Freundinnen. Besonders Denise war erregt. Sie stand auf Frauen, hatte ihre Lust aber bisher nicht ausgelebt. Jetzt vielleicht die Möhre zu essen, mit der Malou sich befriedigt hatte, war Sünde pur.

Die kleine Gruppe setzte sich an einen Tisch. Alle hatten die verschiedenen Gemüse auf dem Teller, mit denen sie es sich am Vorabend gemacht hatten.

»Es riecht nach Sex.«

Jinjin war die Einzige, die aussprach, was alle dachten. Jede hatte ihre eigenen sexuellen Vorstellungen, die sie mit dem sündigen Treiben in Verbindung brachte.

Malou biss zuerst in das Selleriegemüse. Die anderen drei Mädels schauten sie an. »Schmeckt gut, ich glaube, dass ich Jinjin gerade probiere.«

Der Satz der afrikanischen Schönheit brach das Eis. In den nächsten Minuten wurde gelacht und gescherzt. Die Atmosphäre war gelöst. Zuletzt stand nur noch das Rhabarberkompott auf dem Tisch.

»Früher fand ich Rhabarber scheiße. Jetzt hätte ich gern noch einige Stangen für den Abend.« Damit hatte Melanie die Lacher der kleinen Gruppe auf ihrer Seite.

Geil zur Show gestellt

Tara Stein saß wieder mal gelangweilt im Unterricht. Die hübsche Schülerin ließ ihren Blick über den großzügig geschnittenen Schulhof wandern. Viele öffentliche Schulen konnten von so einer Ausstattung nur träumen. Es gab tolle gepflegte Büsche und Pflanzen, breite Wege, schöne Sitzgelegenheiten, mehrere Tischtennisplatten und saftige Grünflächen. Es war einfach idyllisch. Was allerdings aus dem Rahmen fiel, waren die Fahrzeuge einer Elektrofirma, die fast täglich auf dem Gelände des Internats unterwegs waren. Drei Jahre besuchte sie diese Schule jetzt und die Fahrzeuge waren gefühlt immer da.

Die Direktorin, Verena Naum, war ebenfalls auf dem Schulhof unterwegs. Die noch recht junge Frau unterhielt sich gerade mit dem Chef der Firma. Dietmar Stern war ein überheblicher geiler Bock, der seine besten Jahre schon lange hinter sich hatte. Tara schätzte den alten Sack auf Ende fünfzig. Einen gewaltigen Bierbauch trug er vor sich her, Schweiß stand auf seiner Stirn. Gierig schaute er auf zwei hübsche Mädels, die über den Hof gingen.

Auch Tara hatte schon so ihre Erfahrung mit dem alten Sack gemacht. An einem warmen Sommertag hatte sie nach Schulschluss auf einer der gepflegten Rasenflächen gelegen, vertieft in ein Mathebuch. Während sie sich mit der Berechnung von geometrischen Formen beschäftigte, hatte sie das Gefühl, beobachtet zu werden. Mehrere Minuten ignorierte sie das Gefühl, ehe sie das Buch zuklappte und die Umgebung neugierig mit den Augen absuchte. Hinter einem Mülleimer ertappte sie den alten Kerl, wie er ihr ohne jedes Schamgefühl zwischen die Beine glotzte. Ausgerechnet an dem Tag war sie unten ohne unterwegs. Mit lüsternen Augen schaute er auf ihre blank rasierte Kirsche. Die harte Beule in seinem Schritt war von Weitem zu sehen. Wütend zeigt sie ihm den Mittelfinger. Anstatt sich zu schämen, warf er ihr einen Luftkuss zu. Was für ein Arschloch.

Jetzt konnte sie durch die Fensterscheiben sehen, wie sich der Kerl angeregt mit Verena Naum unterhielt. Tara fand so eine junge Direktorin schon komisch. Älter als Mitte dreißig war die schwarzhaarige Schönheit nicht. Wie immer zierte ein eng anliegendes Kostüm ihren Körper. Und Körper war das Stichwort. Die Frau war einfach nur heiß. Wenn sie ihren Arsch in dem engen Stoff wackeln ließ, blieb kein Auge trocken. Sie hatte einen wirklich drallen Körper. Vielleicht an einigen Stellen ein Hauch zu viel, aber das war Geschmackssache. Dicke Titten, eine flache Taille und ein schön breiter Arsch. Die Kerle mussten bei ihrer Schönheit Schlange stehen, dazu kam ihr total hübsches Gesicht. Die süßen Rehaugen, der breite Mund und sexy Schmuck rundeten ihren sündigen Stutenkörper ab. Tara grinste bei dem Gedanken. Nie hatte sie sich vorstellen können, dass sie mal auf Frauen stehen würde, aber das Internat war so voll von süßen heißen Frauen, dass sie irgendwann einfach spitz geworden war.

»Tara, kommst du mal bitte an die Tafel?«, riss Theresa Hammerschmidt sie aus ihren Gedanken. Französisch war nicht wirklich ihre Stärke und sie wusste auch gar nicht, worum es ging. Lustlos stand sie auf, ging nach vorn. Als sie vor der Tafel stand, reichte ihre hübsche Lehrerin ihr ein Stück Kreide. »Bitte vervollständige die Sätze.«

Für einen Augenblick trafen sich ihre Augen. Theresa war eine sehr empathische Frau. Kurze rötliche Haare, ein total hübsches Gesicht und eine Hammerfigur, die sie gern zeigte. Auch an diesem Tag. Ein kurzer grüner Minirock aus Latex, dazu eine schwarze Strumpfhose und ein weißes ärmelloses Top bedeckten ihren sündigen Körper. Lasziv setzte sie sich auf den Schreibtisch und kreuzte ihre Beine, dabei rutschte der Rock so weit hoch, dass Tara das schwarze Höschen ihrer Lehrerin sehen konnte.

»Bitte.« Theresa schaute sie erwartungsvoll an.

Tara versuchte, sich zu konzentrieren. Zum Glück hatte sie eine schnelle Auffassungsgabe und konnte die Aufgabe lösen.

»Sehr gut, Tara. Du bist wirklich ein Schatz.« Ihre Lehrerin streichelte ihr über die Schulter.

Sofort wurde die sportliche Neunzehnjährige geil. Schwänze waren toll, aber ihre Lust war einfach stark und wurde immer stärker. Ob es ihr nun ein Schwanz besorgte oder ein süßer Frauenmund, war ihr völlig egal. »Danke.«

Sie setzte sich wieder und spürte die Lust, die zwischen ihren Schenkeln brannte. Wieder fiel ihr Blick auf ihre hübsche Direktorin, die sich immer noch angeregt mit dem Chef der Elektrofirma unterhielt. Wild gestikulierte sie mit den Händen.

Die Pausenglocke unterbrach ihre Gedanken. Wenige Augenblicke später stand sie auf den Schulhof. Mit zwei Klassenkameradinnen holte sie sich eine Cola im kleinen Internatskiosk. Auf dem Weg zu einer der gepflegten Sitzgelegenheiten schaute sie wieder zur Direktorin. Dietmar Stern gab ihr gerade einen

Schlüssel. Nach ein paar abschließenden Worten machte sich die hübsche Direktorin auf den Weg ins Schulgebäude.

Tara schaute ihr sehnsüchtig hinterher. Ihr Arsch war auch an diesem Tag ein Traum. Wieder fühlte sie dieses Verlangen nach Befriedigung ihrer Lust in sich. Sie wurde geblendet und schaute in die Richtung, aus der der Lichtkegel sie traf. Er kam von der Tür, die ins Kellergewölbe des Internats führte. Sie hatte schon alle Räume im Internat gesehen, nur in dem alten Gewölbe war sie noch nie gewesen. Neugierig ging sie zu der holzverzierten Tür. Zwei Warnbaken standen davor und versperrten den Zugang zu den Räumlichkeiten. Jetzt fiel ihr auch auf, dass die Baken schon immer dort standen. Ein riesiges nagelneues Schloss schützte die Tür vor unangemeldetem Besuch. Groß und klobig war das Schloss und dazu noch äußerst massiv. Das Teil bekam man nicht mit einem normalen Bolzenschneider auf. Ihre Neugier war geweckt.

»Tara? Kommst du bitte mal?« Wieder wurde sie von ihrer Französischlehrerin aus den Gedanken gerissen.

»Ja, Frau Hammerschmidt?«

»Ich wollte mit dir über deine Noten in meinen Fächern sprechen. Du bist wirklich gut. Ich würde dich gern individuell fördern. Du hast großes Potenzial.«

»Boah, das ist total lieb, aber ich habe Sie in vier Fächern.«

»Eben, wir können viel erreichen.«

Tara schaute ihrer Lehrerin tief in die Augen. Theresa war so was von heiß.

»Hallo Tara, Frau Hammerschmidt.« Die Stimme kannte sie nur zu gut. Verena Naum. »Achten Sie bitte darauf, dass keine Schülerin dem Gewölbe zu nahe kommt, das gilt auch für dich, Tara.«

So kannte die Brünette ihre Direktorin gar nicht. Ja, sie war manchmal etwas herrschsüchtig und dominant, aber so streng hatte sie Frau Naum nur äußerst selten erlebt. »Natürlich.«

»Das erwarte ich auch von Ihnen, Frau Hammerschmidt. Sie sind noch in der Probezeit.«

Der Hinweis hatte gesessen. Theresa wurde schneeweiß im Gesicht.

Tara hatte den Schock schnell überwunden und fragte sich, warum Verena Naum so reagiert hatte.

***

Am Abend lag Tara auf ihrem Bett und dachte über die Ereignisse des Tages nach. Das Gewölbe beschäftigte sie sehr. Was verbarg sich nur hinter den dicken Wänden? Das Internat gab es bereits seit mehr als hundert Jahren, so alt war wahrscheinlich auch der Keller. Doch die Mauern hatten ein Geheimnis.

Tara stand auf und schlich in die Bibliothek der Schule. Zwar war diese längst geschlossen, aber mithilfe einer Haarklammer war das Schloss innerhalb von Sekunden geöffnet. Es gab ein ganzes Regal über die Geschichte des Internats. Neben vielen Büchern waren auch Zeichnungen und Skizzen über den Aufbau und die Struktur des Internats vorhanden. Tara holte eine große Rolle hervor, auf dem die Grundrisse des Gebäudes aufgezeichnet waren. Der Keller war demnach extrem groß, mit sehr hohen Decken und dicken Wänden. Von außen sah es so aus, als wäre seit mindestens dreißig Jahren nichts mehr am Putz der Wände gemacht worden. Die Wände des Gewölbes, die nur wenige Zentimeter aus dem Boden herausschauten und in die Tiefe gingen, waren mit grünem Moos bedeckt und total unauffällig. Die alten Steine faszinierten sie immer mehr.

***

Am nächsten Morgen suchte sie den Hausmeister auf. Henry Schult war ein netter alter Mann, der vielleicht noch zwei Jahre bis zu seiner Rente hatte. Sie kam hervorragend mit ihm aus, auch weil sie sein Geheimnis für sich behielt. Er trank gern mal einen Schluck bei der Arbeit. Einmal hatte sie ihn mit einem

Bier auf der Mädchentoilette entdeckt, als er einen verstopften Abfluss reparieren sollte. Sie nickte ihm nur kurz zu und riet ihm, etwas vorsichtiger zu sein. Seitdem verstanden sie sich gut.

»Hallo Herr Schult.«

»Tara.«

»Ich habe da mal eine Frage. Wann waren Sie zuletzt im Kellergewölbe des Internats? Ich meine den Teil, der dauernd abgesperrt ist. Kann ich mich da mal umschauen?«

Henry Schult rümpfte die Nase. Kurz schaute er zu einem riesigen Schlüsselschrank. »Tja, Tara. Hier ist kein Schlüssel und ich habe auch keinen. Den hat nur die Leiterin. Ich frage mich sowieso, warum sie den nicht aus der Hand gibt. Ich glaube, dass sie den Schlüssel an ihrem Schlüsselbund trägt. Wann war ich zuletzt in dem Gewölbe? Das ist mehrere Jahre her.«

»Wissen Sie, warum die Tür abgesperrt ist und warum die Elektrofirma ständig hier ist und sich immer ins Gewölbe begibt?«

»Keine Ahnung, Tara. Die Naum hat den ganzen Kellertrakt gesperrt. Ich weiß nur, dass der Keller leer geräumt wurde, kurz nachdem die Direktorin hier angefangen hat. Was aber danach hinter den Wänden passiert ist, kann ich dir nicht sagen. Keine Ahnung.«

»Danke, Sie haben mir sehr geholfen.«

Das wurde ja immer mysteriöser. Jetzt war ihre Neugier erst recht geweckt. Doch ohne Schlüssel ging nichts. Wie sollte sie da rankommen? Eine schwierige Frage. Am Abend begann sie einen Plan zu entwickeln, wie sie an das Stück Metall kommen könnte, um ihre Neugier zu befriedigen. Vera Naum wohnte im Internat und joggte jeden Abend durch ein kleines Waldstück, das das Internat umgab. Könnte sich da vielleicht eine Möglichkeit ergeben, an den Schlüssel zu kommen? Aber wie sollte sie das anstellen?

***

Die nächsten Tage vergingen, ohne dass ihr eine Idee kam. Missmutig ging sie mal wieder durch den Park und schaute die Absperrbaken an. Es musste doch eine Möglichkeit geben, an den Schlüssel zu kommen. Vera Naum trug ihren großen Schlüsselbund meist in ihrer Hosentasche oder an ihrem Rock. In dem Augenblick schoss ihr eine Idee durch den Kopf, wie sie an den ersehnten Schlüssel gelangen könnte. Mehrfach ging sie den Plan im Kopf durch und er gefiel ihr immer besser.

***

Am nächsten Nachmittag schaute Tara immer wieder zur Uhr. Wenn ihr Plan aufging, dann würde Vera Naum in etwa einer halben Stunde loslaufen. Mit einem heißen Kaffee positionierte sie sich an einer Weggabelung in dem kleinen Waldstück, an dem die Direktorin vorbeimusste. Um ihre Tarnung perfekt zu machen, steckte sie sich Kopfhörer in die Ohren. Nun begann das lange Warten. Die Zeit verging wie Kaugummi.

Endlich kam die attraktive Direktorin um die Ecke, Tara konnte sie schon von Weitem sehen, sie kam in einem blauen Trainingsanzug auf die Schülerin zugelaufen. Jetzt musste das Timing passen. Ihr Herz schlug schneller. Doch wenn sie etwas wollte, dann bekam sie es auch. Im richtigen Augenblick erhob sie sich und tat so, als wäre sie in ihre Musik vertieft, und trat einen Schritt auf den Weg zu. Die beiden Frauen stießen zusammen und Tara schaffte es, den Kaffee auf die Hose der Direktorin zu schütten.

»Frau Naum, was ist mir das peinlich. Entschuldigen Sie bitte.«

»Tara, kannst du nicht aufpassen? Wo bist du mit deinen Gedanken? Jetzt ist meine Hose ganz nass und ich muss umdrehen.«

»Tut mir leid, ich bin manchmal einfach so tapsig.«

»Na ja, kann ja mal passieren.«

Tara konnte sich auf ihren Hundeblick verlassen. Immer wenn sie nicht weiterwusste, klimperte sie mit den Augen und erzielte damit eine große Wirkung. So war es auch in diesem Fall. Vera Naum drehte um und lief zurück ins Internat, diesmal aber ohne Schlüsselbund. Tara grinste. Sie hatte ihr Ziel mal wieder erreicht. Der Himmel zog sich immer weiter zu und bald gab es die ersten Regentropfen. Es donnerte immer stärker, auch der Regen wurde mehr. Bei diesem Wetter verließ niemand das Haus.

Tara schlich zum Gewölbe und probierte die Schlüssel der Reihe nach aus. Bereits beim zweiten Versuch war sie erfolgreich. Mit einem beschleunigten Puls drehte sie den Schlüssel und das Schloss gab nach. Langsam öffnete sie die Tür und schaute in das Gewölbe. Holzpfeiler und Spinnennetze waren zu sehen. Rasch trat sie ein und schloss die Tür hinter sich. Im ersten Augenblick sah sie nichts Ungewöhnliches. Warum machte man so ein Geheimnis um die Tür, wenn es kein Geheimnis gab, das man verstecken wollte?

Tara erkundete die Halle weiter, die ihr verdächtig klein vorkam. Mitten im Raum war eine Holzwand eingezogen worden. Wieder fand sie eine Tür, die verschlossen war. Auch hier hatte sie Glück und fand schnell den passenden Schlüssel. Langsam öffnete sie die Tür. Eine gewaltige Wärme erfasste ihren Körper. Vorsichtig betrat sie den Raum. Was sie dort sah, raubte ihr den Atem. Ein riesiger Regieraum war nichts gegen die unzähligen Monitore und ein gewaltiges Schaltpult, das sich in dem verbotenen Areal befand. Was waren das für Monitore? Tara versuchte sich zu orientieren.

Bald war klar, was für ein verbotenes Spiel hier gespielt wurde. Alle Mädchenzimmer wurden videoüberwacht. Von ihrer Position aus konnte sie in alle Zimmer des Wohntraktes schauen. Auch die Lehrerzimmer wurden überwacht. Mindestens zwei der Mädchen waren nackt zu sehen. Das waren keine billigen Monitore. Sie alle übertrugen die Bilder in Farbe und gestochen scharf. Theresa Hammerschmidt kam gerade nackt aus ihrem Bad. Eine süße Narbe zierte ihren Lendenbereich. Man konnte ihr sogar direkt zwischen die Beine schauen.

Tara hatte ein einigermaßen gutes technisches Verständnis und so fand sie schnell heraus, wie man die Bilder vergrößerte. Was sie hier entdeckte, war Sünde pur. Wer auch immer diese Anlage installiert hatte, wusste, was er wollte. Noch hatte sie nicht alles gesehen. Rechts neben der Videoleinwand befand sich eine weitere Tür. Was würde sie noch entdecken? Langsam öffnete sie auch diese Tür. Ein großer Schneideraum für Videomaterial verbarg sich dahinter. Jetzt kam ihr ein sündiger Verdacht. Von dem Raum führte eine weitere Tür zum nächsten Raum. Als sie hinter diese Wand schaute, schluckte sie. Dort befanden sich drei große Betten, die alle voll ausgeleuchtet waren. Hinter jedem Bett stand ein Schreibtisch mit einem Rechner. Tara setzte sich und wusste sofort, was los war. Die Bilder der Mädchen wurden aufgenommen, zusammengeschnitten und dann auf Voyeurseiten im Netz veröffentlicht. Sie las einige Kommentare, die sich unter den hochgeladenen Videos befanden. *Die geile Fotze soll sich untenrum streicheln. Geile Sau. Was für stramme Schenkel. Die Bitch soll mal ihre Rosette zeigen.*

Tara war geschockt und hatte genug gesehen. Schnell verließ sie das Gewölbe. Es regnete immer noch und das Gewitter war auch noch nicht weitergezogen. So konnte sie den Bereich unerkannt verlassen. In ihrem Kopf arbeitete es gewaltig. Die Mädchen wurden also beobachtet und Nacktbilder von ihnen ins Netz gestellt. Es war zwar Sünde, aber es war auch ziemlich geil. Was sie nicht verstand, war, was die Videoplätze zu bedeuten hatten. Der Ausstattung nach zu urteilen, wurden auch Liveshows ins Netz gestellt, wozu brauchte man sonst diese komplett ausgeleuchteten Betten?

Nachdenklich ging sie ins Bett. Doch sie war längst geil. Der Gedanke, dass sich pubertierende Jungs die Filme anschauten und dazu wichsten, war ziemlich geil. Tara wurde feucht im Schritt. Sie dachte an gierige Kerle, die sich an jungen knackigen Frauenkörpern aufgeilten. Vielleicht chatteten die Mädchen auch mit ihren Zuschauern und bekamen dann vielleicht schmutzige Schwanzbilder. Die Lust zwischen ihren Beinen wuchs und wuchs. Sollte sie es sich selbst machen oder das sündige Geheimnis nutzen, um neue Erfahrungen zu sammeln? Diese Frage quälte sie die ganze Nacht, bis sie um drei Uhr aufstand.

Die nächsten Stunden nutzte das bildhübsche Mädchen, um im Netz nach Voyeurismus zu suchen. Sie fand mehrere interessante Berichte von Männern, die es liebten, Frauen nackt zu beobachten. Je mehr sie darüber fand, umso erregter wurde sie. Sollte sie den nächsten Schritt gehen? Noch vermutete sie nur, was sich im Keller des Internats abspielte. Sie wollte Gewissheit haben, doch so einfach würde die Naum wohl kaum mit der Wahrheit herausrücken. Also musste ein weiterer Plan her und der war schnell gemacht. Zurzeit war Tara allein auf ihrem Zimmer und so hatte sie das Glück, sich keine Fragen von ihrer Zimmerkollegin anhören zu müssen. Intensiv wühlte sie in ihrem Kleiderschrank. Wo war nur das geile enge Teil?

Ah, nur Sekunden später hielt sie den dünnen Stoff in Händen. Schon als sie den weißen Stoff zwischen ihren Fingern fühlte, war die Lust in ihr so stark, dass sie es kaum noch aushalten konnte. Vollkommen nackt stand sie vor ihrem Badezimmerspiegel. Jetzt wurden sicherlich gerade geile Aufnahmen von ihr gemacht, was sie noch mehr aufheizte. Kritisch schaute sie sich ihre Brüste an. Meckern konnte sie nicht. Fünfundsiebzig C und ziemlich prall. Als Nächstes unterzog sie ihre Perle einer kritischen Bewertung. Auch hier gab es nichts zu meckern. Vielleicht waren ihre Schamlippen etwas zu fleischig, aber da konnte sie nichts tun. Nun kam noch ihr Arsch dran. Er hatte die Form einer Birne und das gefiel ihr sehr.

Schnell schlüpfte sie in den Body, der wie eine zweite Haut auf ihrem Körper lag. Man sah ihre Titten deutlich durch den Stoff durch und auch im Schritt zeigte der Body seine Transparenz. Etwas schmutzig fühlte sie sich schon, aber das würde sich hoffentlich noch steigern. Es war jetzt kurz nach sechs Uhr morgens. Sie wusste, dass Vera Naum immer schon sehr früh in ihrem Büro war. Weit vor sieben Uhr dreißig, wenn ihre Sekretärin anfing. Es wurde Zeit, ihren Plan umzusetzen.

Rasch warf sie sich einen Trenchcoat über und schlüpfte in weiße Sneakers. Der Weg vom Wohntrakt zum Schulgebäude war schnell zurückgelegt. Es war noch total still in der großen Aula. Die Treppe in den ersten Stock legte sie mit großen Schritten zurück. Die Tür zum Sekretariat war auf und auch die Bürotür zur Direktorin war geöffnet.

Vera Naum saß hinter ihrem Schreibtisch und öffnete Briefe. Das war die Chance für Tara. Ihr Herz schlug wie verrückt. Wenn das schiefginge, dann könnte sie sich gleich um eine Stelle in einem anderen Internat bemühen. Sie atmete noch einmal durch und ging mit gradem Rücken auf Vera Naum zu.

Die Direktorin hörte die Schritte und schaute hoch. Ihr Blick zeugte von wenig Schlaf und einer äußert schlechten Laune. »Tara, was machst du so früh hier?«

Wortlos schloss Tara die schwere Tür hinter sich. Nun war sie mit ihrer Direktorin allein. Ohne auf die Frage zu antworten, knallte sie der reifen Lady den Schlüsselbund auf den Tisch, den sie ihr am Abend zuvor gestohlen hatte.

»Ah, da ist er ja. Wo hast du ihn gefunden?« Tara hörte die Erleichterung in ihrer Stimme.

»Ich habe mich im Gewölbe mal etwas näher umgesehen. Ist schon komisch, was da so alles rumsteht.«

Ihre Gesprächspartnerin bekam Schnappatmung: »Was hast du gesehen?«

»Ich bin hinter dein Geheimnis gekommen, du Bitch. Lässt die Mädels filmen und stellst die schmutzigen Streifen ins Netz. Wozu sind die Betten mit den Kameras?«

»Ich weiß nicht, was du meinst.«

Die Frauen schauten sich in die Augen. Wie bei einem Duell um zwölf Uhr mittags auf der staubigen Dorfstraße einer Stadt im Mittleren Westen der USA zur Jahrhundertwende, warteten sie darauf, wer zuerst den Revolver zog. Tara öffnete den breiten Gürtel ihres Trenchcoats und ließ diesen zu Boden fallen.

Der Blick von Vera Naum war eine Mischung aus Lust und Frust. Hatte Tara doch recht, ihre Lehrerin war bi.

»Wenn du diesen Körper nackt sehen willst, dann darf ich mich nackt vor der Webcam eurer versauten Webseite zeigen und es mir selbst machen. Dein schmieriger Verehrer Dietmar Stern und du werdet dabei sein.«

Vera biss sich auf die Zähne. Tara pokerte hoch, sehr hoch. Zu hoch?

Vera stand auf und umrundete ihren Schreibtisch. Wieder trug sie ein so unverschämt enges Kostüm, das ihren Körper wundervoll in Szene setzte. Voller Lust schaute sie Tara zwischen die Beine.

»Hab ich es mir doch gedacht, unsere so schöne Direktorin steht auf Frauen.«

»Darf ich dich untenrum berühren?«

Die Schülerin hatte mit mehr Gegenwehr gerechnet. Die Lust in Veras Augen war nicht zu übersehen.

Tara schaute an sich herunter, man sah alles. Das Spiel mit der Dominanz gefiel ihr. »Weiß ich noch nicht. Du kannst meine Titten streicheln, du Bitch.« Sie war gespannt, wie Vera auf die Beleidigung reagieren würde.

Gar nicht. Zarte Frauenhände griffen nach ihren schönen Titten und streichelten sie. Es fühlte sich gut an. Die Nippel unter dem Body waren längst hart und drückten sich durch den weißen Stoff.

»Saug jetzt an ihnen.«

Vera schnaufte. Sie wollte etwas sagen, aber Tara schaute ihr frech in die Augen. Die reife Lady senkte den Blick und ihren Kopf. Mit der Zunge umspielte sie Taras harte Knospen.

Taras Lust wuchs ins Unermessliche. Vera hatte es drauf und verwöhnte nicht zum ersten Mal eine Frau. Ein Urwald der Lust erwachte in Taras Eingeweiden und füllte ihren Körper mit Leben. Es kribbelte, pochte und juckte in ihrem gesamten Körper. »Du bekommst vielleicht mehr. Heute Abend um achtzehn Uhr steigt die Show. Du weißt, wie ich es will. Der geile Bock Dietmar und du werdet da sein und jetzt hör auf, mich zu berühren, das ist ja ekelhaft.«

Vera verzog das Gesicht und löste sich von Tara.

Zu gern hätte sie sich von der schönen Frau weiter verwöhnen lassen, aber die Demütigung, die sie ihrer Direktorin zuteilwerden ließ, gefiel ihr sichtlich und gab ihrem Selbstvertrauen einen gewaltigen Kick. Schnell zog sie sich den Trenchcoat über und verschwand aus dem Büro ihrer Direktorin.

Schon auf den Weg zurück in den Wohntrakt spürte sie den klatschnassen Stoff zwischen ihren Beinen. Nachdem sie die Zimmertür hinter sich geschlossen hatte, hängte sie den Spiegel mit einem Bettlaken ab und atmete tief durch. Puh, was für ein riskantes Spiel, aber es hatte sich gelohnt. Nie hätte sie von sich gedacht, dass sie so hart wäre.

Erst nach einer halben Stunde war ihr Puls wieder normal. Sie war maßlos aufgeregt, doch erst einmal musste sie den Schultag herumbekommen. Tara fühlte sich sexy und wollte es auch zeigen. Ein enger schwarzer Lederrock, der viel zu kurz war, dazu halterlose Strümpfe und ein weißes Top mit einer dezenten Strickjacke. Fertig war das sexy Outfit.

Voller Lust und Vorfreude nahm sie das Frühstück im Speisesaal ein und überstand den Vormittag. Von Vera fehlte jede Spur und das war auch gut so. Ihr Plan hatte am frühen Morgen so gut funktioniert, dass sie eine weitere perfide Idee hatte.

Der Nachmittag war gruselig. Die Zeit stand förmlich und die Lust in Tara wuchs und wuchs zu einer Bestie. Sie surfte im Netz auf diversen Seiten, auf denen pornografische Webshows angeboten wurden. Manche Bewegungen der Schlampen fand sie wirklich gut und überlegte, diese in ihrer Show unterzubringen. Ihre »Show«, was für ein sündiger Begriff, wenn man wusste, um was für eine Show es sich handelte.

Gegen siebzehn Uhr begann sie, sich zu schminken. Sie legte grüne Wimperntusche auf, dazu Rouge und Eyeliner. Der obligatorische rote Lippenstift durfte natürlich nicht fehlen.

Tara war nass. Nein, sie hatte ein riesiges Feuchtbiotop zwischen ihren Beinen.

Jetzt fehlte noch die richtige Verpackung. Ein weißer String, ein trägerloser weißer BH und halterlose Strümpfe. Wie eine Nutte sah sie aus und es gefiel ihr sehr. Leider konnte sie ihren Spiegel nicht benutzen, aber ihr Handy tat es auch und so schaute sie sich mit der Kamera selbst an und fand sich einfach megasexy. Wie am frühen Morgen zog sie den Trenchcoat über und band sich ein Kopftuch um. Das Wetter spielte mit, es war windig, dazu feiner Nieselregen.

Mit einer Million Schmetterlingen im Bauch machte sie sich auf den Weg. Vorsichtig umrundete sie die Absperrbaken und griff mit ihrer zittrigen Hand nach der Türklinke, die sich problemlos öffnen ließ. Ihr Herz raste. Die nächsten zwei Türen standen auf und Vera kam auf sie zu.

»Schön, dass du da bist.«

Es war geil, wie sich ihre reife Direktorin ins Zeug legte.

»Ist alles vorbereitet?«, fragte die Internatsschülerin barsch.

»Natürlich.«

Sie öffnete den Trenchcoat. Vera bekam glasige Augen. Voller Selbstvertrauen ließ sie die reife Lady hinter sich und begab sich zum Videoraum. Dietmar Stern saß bereits an einem der Rechner und schaute sie schmierig grinsend an.

»Hast du schon deinen dreckigen Schwanz gewichst? Ich will meine Show nicht früher beenden müssen, weil du dir die Palme schütteln musst.« Endlich hatte sie die Gelegenheit, es diesem arroganten notgeilen Kerl zu zeigen.

Mit offenem Mund und heraushängender Zunge schaute er Tara an.

»Jetzt konzentrier dich bloß. Vera kann dir später die Palme schütteln.« Tara ließ sich ihre Aufregung nicht anmerken. Warum auch? Die junge Frau hatte nichts zu verlieren. Der Gedanke, junge Stecher und alte Säcke geil zu machen, die im Leben keine Frau abbekamen und sich jetzt ihre Befriedigung bei ihr holten, war total geil.

»Wann geht es los?«, fragte sie.

»In zehn Sekunden. Zweihundert User schauen zu.«

Die große Zahl der Zuschauer schockte und geilte Tara auf. Zweihundert Schwänze warteten auf sie. Vielleicht schauten auch Paare zu und anschließend bestiegen die Kerle ihre Freundinnen oder Ehefrauen, weil sie die Typen scharfgemacht hatte. Was für ein wahnsinniges Gefühl. Nun legte sie sich auf eins der Betten. Die Videokamera war über dem Fußende des Bettes montiert und sie konnte auf einem kleinen Bildschirm mitlesen, was ihre Zuschauer so alles von sich gaben.

Dietmar Stern zählte runter: »Drei. Zwei. Eins.«

Schamlos spreizte Tara die Beine und strich sich mit den Fingerspitzen lasziv über die Innenseiten ihrer Schenkel. Sofort schickten die ersten Zuschauer blinkende rote Herzen. Was für eine schöne Selbstbestätigung. Nun drehte sie sich auf den Bauch und zeigte der Kamera ihren heißen Arsch. Sekunden später begab sie sich in die Doggystellung und wippte mit ihrem knackigen Arsch in die Kamera.

Mehrere Augenblicke stimulierte sie so ihre Zuschauer, bevor sie sich wieder umdrehte und aufrichtete. Verspielt deutete sie mehrfach an, den BH fallen zu lassen, tat es aber nicht. *Runter mit dem Ding. – Wir wollen deine Titten sehen. – Mach es dir.* Das waren nur einige Zeilen, die ihre Zuschauer ihr schickten. Ziemlich billig und derb, doch auch schön.

Sekunden später flog der BH in die Ecke und sie präsentierte stolz ihre Möpse. Mit dem Mund benetzte sie einige Finger und stimulierte anschließend ihre Brustwarzen, die innerhalb von wenigen Augenblicken steif wurden. Ihre Zuschauer flippten aus. *Zieh deinen String aus. Ich will deine Fotze sehen. – Ich bin so geil, dass ich gleich noch mal meine Freundin bumse.* Was für geile Kommentare.

Tara nahm ihren Oberkörper zurück und spreizte die Beine. Nun drückte sie ihren Unterleib gegen die Kamera und strich mit einer Hand über ihre Fotze. *Ich glaube es ja nicht, die Schlampe ist im Schritt wirklich nass*. Über zwanzig Herzen von verschiedenen Usern folgten. Jetzt gab es kein Halten mehr. Tara stand auf und legte einen Striptease hin, gegen den so manches Go-go-Girl schwach aussah. Völlig entblößt zeigte sie ihren Zuschauern ihren Rücken und kniete sich hin, dabei spreizte sie erneut die Beine und präsentierte der Kamera ihren Allerwertesten. Dabei schlug sie sich selbst mit der Hand auf den Arsch. Ihre Kimme lag frei und jeder, der wollte, sah nun ihre Rosette. So steil war sie noch nie gegangen. Mit einer Hand griff sie zu ihrer Spalte und hielt die Fingerspitzen an ihre Möse. Als würde sie Klavier spielen, streichelte sie sich selbst.

Kurz schaute sie zu Dietmar Stern, der mit großen Augen auf Vera blickte. Die reife Lady kniete vor dem alten Sack und machte es ihm mit dem Mund. Ob freiwillig oder nicht, konnte Tara nicht sehen. Jedenfalls drücke er ihr seinen Bolzen so tief in den Rachen, dass ihr Speichel aus dem Mund über das Kinn auf ihre Titten tropfte. Was für ein geiler Anblick.

Tara machte weiter und legte sich auf den Rücken. Wie eine Nutte zog sie ihre Fotzenlappen auseinander und präsentierte den Zuschauern ihre offen stehende Höhle. *Geiler Anblick. – Die Sau läuft aus. – Was würde ich dafür geben, die Hure mal so richtig schön zu lüften. – Ich bespringe meine Alte, weil mich die junge Maus so geil macht.*

Ihre Hände waren voller Mösenschleim. Mit einem Küsschen in die Kamera begann sie, den farblosen Schleim auf ihrem Bauch und ihren Hupen zu verteilen. *Ich komme gerade. – Bei der nächsten Show von ihr bespringe ich eine Nutte, die ich mir bestelle.* Männer aufzugeilen, machte Spaß und sie genoss es in vollen Zügen. Tara spielte mit der Kamera und zeigte sich immer hemmungsloser.

Nun schob sie sich zwei Finger unten rein und lächelte sexy in die Kamera. Langsam begann sie, sich selbst zu ficken. Dabei wurde sie immer geiler. Aus zwei Fingern wurden vier und es wurde immer schöner. Ihr Kitzler war geschwollen, wie sie es noch nie zuvor erlebt hatte. Einer ihrer Zuschauer lud ein Bild seines pulsierenden Stabes hoch. Innerhalb von Sekunden reihte sich ein Schwanzbild neben das andere. Auch Tara war kurz davor. Immer intensiver machte sie es sich.

Als sie Schluckgeräusche und ein leichtes Würgen hörte, war klar, was passiert war. Dietmar Stern war gekommen und hatte sich im Mund ihrer Direktorin ergossen. Ein geiler Gedanke. Nur Sekundenbruchteile später ergoss sich die Befriedigung der Lust auch über ihren Körper und sie erlebte einen Höhepunkt, der in seiner Intensität mit Sicherheit zu den top drei in ihrem Leben zählte. Mit einem Luftkuss verabschiedete sie sich von ihren Zuschauern.

Als sie sich zu dem ungleichen Paar umdrehte, musste sie grinsen. Vera hatte einen großen Fleck Sperma auf ihrem Dekolleté und saß auf seinem Schoß. Seine Hand war unter ihrem Rock verschwunden und es war klar, was sie dort machte.

»So, ihr Turteltäubchen. Ich will jetzt wissen, was hier los ist.«

»Als ich das Internat übernommen und die Bücher studiert habe, stellte sich schnell heraus, dass wir pleite waren. Vor meiner Zeit als Lehrerin habe ich während meines Studiums mehrere Jahre als Tänzerin in einer Bar gearbeitet. In welcher Branche, kannst du dir ja denken. Wenn mir ein Typ gefiel, bin ich mit ihm ins Bett gegangen. Hatte ich keine Kohle mehr, hab ich die Beine breitgemacht. Schnell hatte ich meine alten Kontakte wiederhergestellt und der Betreiber einer Webcamseite machte mir ein unmoralisches Angebot: Er darf Kameras im ganzen Internat verteilen und die Filme veröffentlichen. Für die Umsetzung habe ich dann Dietmar beauftragt, der sofort Feuer und Flamme war. Immerhin schuldete das Internat ihm noch mehr als zehntausend Euro. Also hat er alles installiert.«

»Und was ist mit den Betten hier?«, fragte Tara.

»Du hast doch unsere jungen Lehrerinnen gesehen. Alle haben einen Zeitvertrag. Wer bleiben will, muss die Beine breitmachen.«

»Gehört Theresa Hammerschmidt auch zu den Frauen, die es sich vor der Kamera selbst machen müssen?«

»Natürlich.«

»Das ist gut, ich will sie in meinem Bett haben.«